I0122842

... DE PÊCHE

DE

BOULOGNE-SUR-MER

SOLENNITÉ DE LA CLÔTURE

... ...

... DES RAPPORTS DE SES SECTIONS

ARRÊTÉ PRÉFECTORAL ... ... LA LISTE DES
RÉCOMPENSES

BOULOGNE-SUR-MER

... ...

...

EXPOSITION INTERNATIONALE

DE PÊCHE

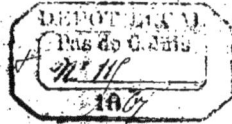

DE

BOULOGNE-SUR-MER

SOLENNITÉ DE LA CLOTURE.

CONSTITUTION ET TRAVAUX DU JURY.

ANALYSE DES RAPPORTS DE SES SECTIONS.

ARRÊTÉ PRÉFECTORAL PROCLAMANT LA LISTE DES RÉCOMPENSES.

BOULOGNE-SUR-MER.

IMPRIMERIE DE CHARLES AIGRE, 4, RUE DES VIEILLARDS.

Mars 1867.

BIBLIOGRAPHIE SPÉCIALE

DE

L'EXPOSITION INTERNATIONALE DE PÊCHE

DE BOULOGNE-SUR-MER.

I.— *Compte-rendu de la solennité de l'ouverture de cette Exposition*, faite le jeudi 16 août 1866, suivi des DOCUMENTS OFFICIELS. — Brochure gr. in 8° de 61 pages ; *Boulogne*, imprimerie de Ch. Aigre, 1866.

II.— *Catalogue*, par nationalités, des objets exposés, dressé par les secrétaires de la Commission d'organisation MM. A. GÉRARD et *Edmond* MAGNIER. — 1 vol. gr. in-18 de 210 pages ; *Boulogne*, imprimeries de Ch. Aigre et C. Le Roy, 1867.

III.— *L'Exposition et l'Aquarium*, par M. Edmond MAGNIER. — Br. in-8° de 15 pages ; *Boulogne*, imprimerie de Ch. Aigre, 23 juin 1866.

IV.— *L'Exposition internationale de pêche de Boulogne-sur-mer*, reproduction d'articles publiés dans le journal *la Presse*, par M. *Edmond* MAGNIER. — Brochure in-8° de 75 pages ; *Boulogne*, imp. de C. Le Roy, 1867.

V.— *Solennité de la clôture de l'Exposition.* Constitution et travaux du Jury. Analyse des Rapports de ses sections. Liste des récompenses. — Brochure in-8° ; *Boulogne*, imp. de Ch. Aigre, 1867.

VI.— Rapport adressé à S. E. M. le Ministre de la marine et des colonies, sur l'Exposition de pêche de Boulogne-sur-mer, par M. le capitaine de vaisseau DUCREST DE VILLENEUVE, commandant en chef la division navale des côtes du Nord de la France, inséré dans la livraison d'avril 1867, tome XIX, de la *Revue maritime et coloniale*, in-8°, pages 835 à 869, et accompagné de six planches.

EXPOSITION INTERNATIONALE DE PÊCHE

DE

BOULOGNE-SUR-MER.

COMPTE-RENDU DE LA SOLENNITÉ DE LA CLOTURE

Extrait de l'IMPARTIAL du 6 mars 1867.

Le dimanche 3 mars 1867, à 2 heures 1/2 de l'après-midi, le grand salon de l'Etablissement des bains était pavoisé de tous les drapeaux des nations qui avaient pris part à l'Exposition Internationale de pêche de Boulogne-sur-mer, la première et la plus importante de ce genre que l'on eut vue en France. Les armes et les couleurs de notre pays se mariaient avec celles de la Suède, de la Norwége, du Danemark, de la Hollande, de la Belgique, de la Grande-Bretagne, de l'Espagne, de la Prusse et de l'Italie. On se reportait, par la pensée, à la vue de tous les pavillons qui fraternisaient ainsi aux fêtes brillantes qui ont accompagné l'inauguration de ce concours. Ce n'est pas sur un champ de bataille inondé de sang humain que doivent flotter désormais les drapeaux des peuples civilisés ; c'est dans ces luttes courtoises, pacifiques, fécondes, où la victoire, au lieu d'appartenir à la force brutale, est le prix du travail et du génie ; où chaque conquête, loin d'aider à la destruction du genre humain, vient servir au bonheur, à la gloire, à l'avenir de l'humanité ! Voilà où sont pour elle maintenant les armes du combat et les tournois de l'honneur. Si le rêve de Henri IV, qui aima mieux la paix bienfaisante que la guerre dévastatrice, malgré sa bravoure toute militaire, si le rêve de la *concorde universelle* peut se réaliser un jour, certes, les expositions ouvertes entre les peuples y auront puissamment contribué. Le nom de Boulogne y tiendra une place honorée ; car il rappellera le rapprochement et la réunion, sur le sol français, de toutes les nations maritimes de l'Ouest et du Nord, échangeant leurs idées, essayant leurs forces, rivalisant d'habileté et d'ardeur pour le perfectionnement et le progrès d'une industrie qui pourvoit en partie à l'alimentation universelle.

Le gouvernement impérial s'est honoré en prenant sous ses bienveillants auspices cette entreprise toute nouvelle qui a été conduite si heureusement à bonne fin ; et c'est en son nom que M. le Préfet du Pas-de-Calais, président effectif de la Commission d'organisation, était venu présider à la proclamation et à la distribution des récompenses.

Au bureau, siégeaient, à la droite de M. le Préfet, M. Pugliesi-Conti, sous-préfet de l'arrondissement, vice-président de la Commission, et M. Livois, maire de Boulogne, vice-président honoraire.

MM. les membres de la Commission et du Jury se tenaient sur l'estrade.

Les Magistrats et les Fonctionnaires occupaient les fauteuils qui leur avaient été réservés en avant des exposants.

A trois heures, la séance a été ouverte, et M. le Préfet a donné la parole à M. de Sède, l'un des secrétaires du Jury, pour la lecture du rapport sur ses travaux et ses décisions. L'audition a duré près d'une heure. Après avoir rendu hommage au dévouement avec lequel M. Paillard, préfet du Pas-de-Calais, avait continué et accompli l'œuvre conçue et commencée par son prédécesseur, M. Levert, les auteurs du rapport ont tracé un historique parfaitement clair et très-complet de l'Exposition, dans ses différentes phases. Ils ont ensuite jeté un rapide coup-d'œil sur l'ensemble de cet important concours; et regrettant de ne pouvoir donner connaissance entière des remarquables rapports présentés par les cinq sections du Jury, rapports qui, on l'espère, pourront être un jour publiés, ils ont fait sommairement l'analyse de chacun de ces documents. Il

serait inutile de commenter ici cette analyse : elle sera livrée
à la publicité ; et il lui sera fait sous cette forme un accueil
aussi favorable que celui dont elle a été l'objet dans la séance
publique.

Après cette lecture, un des secrétaires de la Commission,
membre du Jury et rapporteur de la V⁰ section, M. Edmond
Magnier, a lu l'arrêté préfectoral proclamant les récompenses :
et tous les lauréats présents sont venus, à l'appel de leur nom,
recevoir, des mains de M. le Préfet, le diplôme qui leur était
destiné. Les médailles d'or et d'argent ont été remises, séance
tenante, aux titulaires ou à leurs représentants. Les médailles
de bronze, qui n'ont pu être encore livrées par la Monnaie,
seront envoyées aussitôt qu'on les aura reçues aux personnes
qui les ont méritées.

La liste des récompenses accordées fait partie de la présente
publication.

La distribution finie, M. Livois, maire de Boulogne, s'est
levé et à dit d'inspiration l'allocution suivante :

Messieurs les Membres de la Commission,

Messieurs les Membres du Jury,

Avant de laisser prononcer la clôture de cette exposition, le
Maire de Boulogne tient à acquitter envers vous sa dette de
reconnaissance.

En entendant l'exposé si lucide et si complet de vos longs et
importants travaux, vous avez dû éprouver la douce satisfaction
que donne à tout bon citoyen la conscience d'un grand devoir
accompli. Vous avez dû, en même temps, vous sentir vengés des
critiques injustes dirigées contre vous par quelques-uns de ces
esprits étroits et égoïstes qui, habitués à rapporter tout à eux-
mêmes, ne veulent point admettre qu'il puisse y avoir des hommes
animés d'autres sentiments que les leurs, et n'ayant comme vous,
dans tous leurs actes, qu'une seule pensée, qu'un but unique, le bien
public. Eh bien, Messieurs, notre exposition de pêche aura prouvé
une fois encore tout ce qu'il est permis d'attendre de votre dévouement. Elle a fait plus, et c'est un devoir pour moi de le signaler.
Commencée, en effet, sous les plus favorables auspices, elle semblait

devoir réaliser toutes nos espérances et combler tous nos vœux, lorsque vint s'abattre sur la cité en fête le terrible fléau qui devait semer au sein de nos familles et le deuil et l'effroi. Fermes en ces circonstances douloureuses, vous avez, sans vous laisser arrêter par la crainte ou la fatigue, poursuivi jusqu'au bout votre pénible tâche, montrant ainsi à tous que chez vous le courage civique était à la hauteur du dévouement.

Notre histoire locale consacrera, un jour, l'une de ses plus belles pages à cette grande entreprise qui a eu pour objet le perfectionnement de l'une de nos industries nationales les plus importantes au double point de vue de la défense de la patrie et de l'alimentation publique, et qui a déjà eu pour résultat de fixer durant deux années l'attention de l'Europe entière sur notre ville et d'accroître ainsi sa réputation et sa renommée.

Les noms des Levert, des Paillard, des de Farincourt, des Labrousse, des Rosamel, des de Villeneuve, des de Champeaux ; ceux de ces délégués étrangers qui sont venus nous apporter leur concours si laborieux et si efficace ; les vôtres enfin, mes chers concitoyens, resteront attachés à cette œuvre de paix et de progrès. Ils vivront dans la mémoire des Boulonnais qui tous, j'en suis convaincu, rediront avec moi que par la manière dont vous vous êtes acquittés de la difficile mission qui vous avait été confiée, vous avez bien mérité de Boulogne.

Messieurs,

Je laisserais ma tâche incomplète si, me faisant l'interprète des sentiments de tous, je n'adressais en cette occasion à M. Gérard, secrétaire de la Commission et l'un des secrétaires du Jury, les félicitations les plus sincères et les plus vives pour la distinction dont il vient d'être l'objet.

En plaçant la croix de Chevalier de la Légion-d'Honneur sur la poitrine de notre concitoyen, Sa Majesté l'Empereur a récompensé toute une longue vie de dévouement à notre cité. Soit comme journaliste, soit comme secrétaire de notre Chambre de commerce, soit comme directeur de notre riche bibliothèque, M. Gérard n'a cessé de se montrer le défenseur ardent et zélé des grands intérêts Boulonnais. Toutes les qualités qu'il a montrées dans ces situations diverses vous les avez retrouvées dans le secrétaire de l'Exposition de pêche. Plein d'une foi vive dans l'utilité de cette vaste entreprise, notre concitoyen a mis à son service, pour en assurer le succès, toutes les ressources de sa belle intelligence, toutes les finesses de sa plume si brillante et si facile ; vous l'avez vu en cette circonstance, comme dans toutes celles où un grand intérêt public s'est trouvé en jeu, ne ménageant ni son temps, ni ses veilles, et poussant l'amour du devoir jusqu'à l'oubli de ses propres intérêts.

Avec une telle manière d'agir, Messieurs, on arrive pauvre à la fin d'une longue carrière ; mais aussi on y arrive honoré et respecté de tous, et lorsque vient enfin le jour de la récompense, on a, comme M. Gérard, la satisfaction de voir tous les cœurs s'unir, toutes les mains se lever pour applaudir à une faveur si justement méritée.

L'auditoire a souvent interrompu et il a acclamé par des applaudissements unanimes les chaleureuses paroles de M. Livois, qui affirme, en chaque occasion publique, avec un nouvel éclat, ses qualités et ses talents oratoires. Avons-nous besoin de constater qu'en cette circonstance le Maire de Boulogne a fidèlement traduit la pensée et le sentiment de la ville tout entière, soit qu'il ait fait ressortir le complet succès de l'Exposition, soit qu'il ait payé un tribut de justice et de gratitude au zèle persévérant et désintéressé de la Commission et du Jury, soit enfin qu'il ait couronné ses remerciements et ses félicitations par l'éloge de l'honorable et dévoué secrétaire de ces institutions ? C'est de tout cœur et avec un véritable enthousiasme qu'on a salué l'improvisation de notre premier magistrat.

M. le Préfet a ensuite pris la parole. Nous regrettons profondément de n'avoir pu recueillir l'éloquent discours de M. Alp. Paillard, dont la voix a été couverte par les applaudissements et les bravos. L'éminent fonctionnaire, qui dirige avec tant de sollicitude les intérêts du département du Pas-de-Calais, a tout d'abord évoqué, avec un rare bonheur, l'image de ces fêtes splendides par lesquelles a été inaugurée l'Exposition de pêche. Il a ensuite caractérisé en des termes d'une parfaite justesse l'idée-mère, l'utilité générale et la portée civilisatrice et humanitaire de cette grande manifestation à la fois française et européenne, dont Boulogne a été le théâtre en 1866. Il a exalté hautement le courage, l'intelligence, les fortes et mâles vertus des populations maritimes qui bravent tous les jours l'Océan et ses périls, soit pour défendre, sous le pavillon de la flotte, l'honneur de la France, soit pour demander aux vastes bassins des mers les moyens d'assurer l'alimentation publique. C'est, a-t-il dit, en vue surtout d'instruire cette classe si vaillante, si laborieuse et si digne de sympathies que l'Exposition a été instituée ; et elle a produit tous les résultats que l'on pouvait en attendre. Le succès a été incontestable ; il eût été plus grand encore, si le fléau épidémique n'eût pas éclaté. — L'attention avait redoublé au moment où M. Paillard abordait ce grave et douloureux sujet ; et nous ne serons que l'interprète de l'assistance tout entière en écrivant que le Préfet du Pas-de-Calais a eu là un admirable mouvement où son éloquence a été à la hauteur de son âme.

Rendant justice à ceux qui, pendant le cours du fléau, étaient restés dans la ville menacée, il a dit à M. le Maire de Boulogne que dans les éloges si légitimes qu'il avait prononcés, il n'avait oublié qu'un homme et que cet homme, c'était lui, M. Livois. « Il m'appartient, Monsieur le Maire, — s'est écrié M. Paillard — de témoigner publiquement dans cette solennité du patriotisme, du courage, de l'abnégation que vous avez déployés pendant cette crise funeste. Il vous a fallu cette puissante et salutaire énergie que donnent la conscience du devoir et le dévouement absolu aux intérêts publics pour vous acquitter aussi dignement de la tâche qui vous a été confiée par le gouvernement de l'Empereur. Vous avez montré à tous le plus noble exemple, comme Maire, comme médecin et comme citoyen ; — prodiguant vos forces, votre talent, votre santé ; affrontant journellement, dans la visite des malades, la distribution des secours, l'exercice de vos fonctions, de mortels périls ; assumant en même temps sur vous cette responsabilité terrible du médecin qui, à son insu, peut rapporter dans ses vêtements et communiquer aux êtres qui lui sont les plus chers le germe empoisonné de l'implacable fléau. Recevez donc, Monsieur le Maire, au nom du gouvernement et de tous ceux qui vous ont vu à l'œuvre sur ce champ de bataille, mes sincères éloges ;

vous vous êtes acquis des titres ineffaçables à la gratitude de votre pays. » Une véritable acclamation a répondu à ces nobles paroles.

Dans la péroraison de son discours, M. le Préfet a particulièrement insisté sur la protection et le concours que l'Exposition Internationale avait trouvés dans le gouvernement de l'Empereur. «Le Souverain tout dernièrement prouvait la haute sympathie qu'il portait à cette œuvre en conférant la décoration de la Légion-d'Honneur aux hommes distingués qui avaient largement coopéré à son succès. Parmi ces hommes, il en est un dont la ville de Boulogne est justement fière et qu'elle s'est félicité de voir récompenser selon son mérite, c'est M. Gérard. La croix qui lui a été accordée, elle a été donnée à la probité et à l'honneur. La devise de la Légion : *Honneur et patrie*, n'est-ce pas la devise de M. Gérard dans toute sa vie ? »

Plusieurs salves d'applaudissements ont suivi le discours de M. Paillard.

M. Gérard avait à remercier M. le Maire et M. le Préfet des éloges qui venaient de lui être donnés et il l'a fait avec cœur, d'une voix brisée par l'émotion la plus vive et la plus profonde. Notre digne et respecté concitoyen a dit :

« Monsieur le Préfet, Monsieur le Maire,

« Je vous remercie de toute mon âme des nobles et bonnes paroles que vous m'avez adressées. Je remercie cette grande Assemblée des applaudissements par lesquels elle les a accueillies ; car s'ils s'adressent en premier ordre aux magistrats, hommes de cœur, dont la voix éloquente les a provoqués, ils me disaient clairement aussi que l'opinion publique daigne consacrer la haute distinction dont je suis en ce moment l'objet. Tout mon être en est pénétré de reconnaissance et de joie ! »

« Je voudrais qu'il me fût possible de remercier ici publiquement tous les hommes à la bienveillance, à l'influence desquels je dois cet honneur. Je nommerais mon vénéré maître, M. Alexandre ADAM, qui le premier m'apprit ce que vaut l'amour du travail, et de quels bonheurs intimes remplit l'âme le dévouement aux intérêts de son pays ! — Je nommerais vous-même, monsieur le Préfet, vous, monsieur le Maire ; car, sans votre complet assentiment, exprimé dans les termes les plus sympathiques, rien de semblable n'eût pu être obtenu pour moi ! — Je nommerais M. Jules LEBEAU, l'un des membres de la Commission qui, désirant que ce qu'il veut bien appeler un acte de justice s'accomplît avant la clôture de notre Exposition, a mis au service de cette pensée bienveillante une activité, une persistance, une chaleur de cœur qui me créent de grands devoirs envers lui. »

« Mais, à tout dire, je m'imposerais bien au-delà de ce que me permettent les convenances ! Qu'il me soit permis seulement d'ajouter en m'adressant à vous, monsieur le Maire, qui représentez si dignement cette noble Ville, que ce dévouement à ses intérêts dont vous avez parlé en des termes si généreux m'a de tout temps été bien facile. Je n'en ai jamais senti le poids ! C'est que je dois tout à la Ville de Boulogne ; c'est qu'alors qu'elle m'en récompense avec la libéralité si cordiale qu'elle y met aujourd'hui, ma conscience me dit que je suis de bien loin son obligé, et que ce ne sera pas trop, pour m'acquitter envers elle, que de consacrer à la servir tout ce que le Ciel voudra bien me laisser encore d'années et de forces. Dieu lui donne en prospérité et en bonheur tout ce que mon âme reconnaissante lui demande pour elle ! »

M. Gérard a été applaudi par toute l'assistance.

Puis, M. le Préfet, ayant annoncé que mention des allocutions serait faite au procès-verbal de la séance, et que l'on y consignerait des remerciements chaleureux à MM. les Ministres de la Marine, de l'Agriculture, du Commerce et des Travaux publics, présidents d'honneur de la Commission d'organisation et du Jury, l'Exposition Internationale de pêche de Boulogne a été close aux cris répétés de : *Vive l'Empereur !*.

DOCUMENTS OFFICIELS.

I.

Arrêté préfectoral instituant le Jury de l'Exposition internationale de pêche de Boulogne-s-mer.

LE PRÉFET DU PAS-DE-CALAIS, Officier de l'Ordre Impérial de la Légion-d'Honneur, Commandeur de l'Ordre Pontifical de St-Grégoire-le-Grand, Chevalier de l'Ordre de Léopold de Belgique, Officier de l'Instruction publique,

Vu l'arrêté préfectoral du 14 juin 1865 ;

ARRÊTE :

ARTICLE 1er. — Un Jury international, dont Son. Exc. le Ministre de l'Agriculture, du Commerce et des Travaux publics a bien voulu accepter la présidence d'honneur, est institué pour examiner les produits envoyés à l'Exposition de pêche de Boulogne, et proposer les récompenses dont ils pourront être l'objet.

ART. 2. — En l'absence du Préfet, le Jury sera présidé par M. le Sous-Préfet de Boulogne.

M. le Maire de Boulogne et M. le Président de la Chambre de commerce de la même ville sont nommés Vice-présidents honoraires.

ART. 3. — Sont nommés membres du Jury :

POUR L'ÉTRANGER.

MM. les Commissaires et Délégués des états maritimes à l'Exposition internationale, savoir :

Angleterre . MM. BUCKLAND *(Franck)*, membre de la Société Zoologique et de la Société des Arts de Londres.

Angleterre.	MM. Hornsby (E.), secrétaire de l'Office des travaux publics, section de la surveillance des pêches maritimes, à Dublin.
Id.	Primrose (B.-P.), secrétaire du bureau des pêches, à Édimbourg.
Belgique .	Van Beneden, professeur d'histoire naturelle à la Faculté de Louvain, correspondant de l'Académie Impériale des Sciences de France.
Id.	De Brouwer (Émile), secrétaire de la ville et de la Chambre de commerce d'Ostende.
Danemark .	Smidth (A.-J.), conseiller du gouvernement Danois pour les affaires de pêche, à Copenhague.
Hollande .	le Dr Van Beeck Vollenhoven, membre de la Chambre-Haute des Pays-Bas, président du Collége des pêcheries Néerlandaises.
Id.	Maas (A.-E.), négociant, agent consulaire de France, et membre du même collége à Scheveningen.
Id.	Hoogendyk (A.), armateur à Vlaardinghen, membre des états provinciaux du Sud Hollande, et dudit collége.
Norwége . .	Baars (Hermann), négociant à Bergen, secrétaire de la Commission de l'Exposition de cette ville.
Suède. . . .	le Dr Hyalmar Widegren, inspecteur des pêches Suédoises.

POUR LA FRANCE.

MM. Altazin-Gin, armateur de pêche à Boulogne.

Hamelin, ancien capitaine de navires à Boulogne.

Benoit, maire de Pouliguen, arrondissement de Savenay.

Bourgain-Dumerteau, négociant, ancien saleur à Boulogne.

Broquant, manufacturier à Dunkerque.

Cazin (Henri), docteur en médecine à Boulogne.

Chedru (Hippolyte-Guillaume), armateur à Fécamp.

Coste, membre de l'Institut, inspecteur général et membre de la Commission permanente des pêches, à Paris.

Crouy (Adolphe), 1er adjoint au maire de Boulogne.

Delobeau, maître cordier à Boulogne.

Ducrest de Villeneuve, capitaine de vaisseau, commandant la division des côtes nord de la France.

Évrard (Pierre), pharmacien à Boulogne.

Grenier (Jacques-François), armateur à Fécamp.

Hamy (Théodore), ancien pharmacien à Boulogne.

Hénin-Bellet, négociant et corroyeur à Boulogne.

Hénin-Queneuille, capitaine de pêche à Boulogne.

HURET-LAGACHE, fabricant de toiles, membre de la Chambre de
commerce de Boulogne.

LARCHÉ, capitaine au long-cours, membre du Conseil municipal
à Boulogne.

LEBEAU (Jules), négociant et saleur, membre de la Chambre de
commerce à Boulogne.

LECERF (Victor), constructeur de navires, membre du Conseil
municipal à Boulogne.

LÉGAL (Joseph), docteur en médecine à Dieppe.

LONQUÉTY aîné, négociant et saleur, membre de la Chambre de
commerce à Boulogne.

LÉGER (François-Emmanuel), président du Comité de pêche à
Dieppe.

MAGNIER (Edmond), administrateur de la Halle, secrétaire-
adjoint de la Commission de l'Exposition.

MARGUET, ingénieur en chef des ponts-et-chaussées, en retraite,
inspecteur de l'École industrielle de Lausanne.

MOLEUX, rentier, ancien forgeron de la marine à Boulogne.

MULARD (P.), armateur à Calais.

NISSEN (Jean), capitaine au long-cours à Dunkerque.

PALASNE DE CHAMPEAUX, capitaine de vaisseau, chef du bureau
des pêches et de la domanialité maritime, à Paris.

PETRON (Sylvain), négociant à Quimperlé.

ART. 4. — MM. GÉRARD, secrétaire de la Commission de
l'Exposition, et DE SÈDE, chef de division à la préfecture, rem-
pliront les fonctions de secrétaires du Jury.

ART. 5. — Le Jury se partagera en autant de sections qu'il
y a de divisions établies pour la répartition des produits.

Il déterminera, dans sa première assemblée générale, la
composition et le mode d'opérer des sections, et décidera toutes
les questions de détail relatives à l'accomplissement de sa
mission.

ART. 6. — Chaque section nommera son président et son
secrétaire-rapporteur qui seront pris parmi ses membres.

ART. 7. — M. le Sous-Préfet de Boulogne est chargé de
l'exécution du présent arrêté.

Fait à Arras, le 16 septembre 1866.

Le Préfet,
Président de la Commission et du Jury de l'Exposition
internationale de Boulogne,

Signé : ALP. PAILLARD.

II.

Jury de l'Exposition internationale de pêche de Boulogne-sur-mer.

Procès-Verbal de sa première réunion générale tenue le 22 septembre 1866.

L'an mil huit cent soixante-six, le vingt-deux septembre, à trois heures de l'après-midi, dans une des salles du local affecté à l'Exposition internationale de pêche de Boulogne, le Jury de cette exposition s'est réuni sous la présidence de M. Alphonse PAILLARD, préfet du Pas-de-Calais.

M. le PRÉFET a ouvert la séance, en exposant que S. Exc. le Ministre de l'Agriculture, du Commerce et des Travaux publics, ayant daigné accepter la présidence d'honneur du Jury, il avait jugé convenable de modifier l'arrêté préfectoral du 25 août dernier constitutif du Jury, et de prendre, à la date du 16 septembre courant, un nouvel arrêté qui devra être considéré comme définitif.

M. le SOUS-PRÉFET, vice-président, donne lecture de cet arrêté.

Il est ensuite procédé à l'appel nominal des membres du Jury. Ont répondu :

MM. PAILLARD, préfet, président ;—LABROUSSE, vice-président ;—LIVOIS, vice-président honoraire ;—HORNSBY ;—DE BROUWER ;—VAN BEECK VOLLENHOVEN ;—MAAS ;—HOOGENDYK ;—BAARS ;—ALTAZIN-GIN ;—AMELIN ;—BOURGAIN-DUMERTEAU ;—CAZIN ;—CROUY ;—DELOBEAU ;—DUCREST DE VILLENEUVE ;—EVRARD ;—HÉNIN-BELLET ;—HÉNIN-QUENEUILLE ;—HURET-LAGACHE ;—LARCHÉ ;—LEBEAU ;—LECERF ;—MAGNIER ;—MARGUET ;—MOLEUX ;—MULARD ;—NISSEN ;—PALASNE DE CHAMPEAUX ;—GÉRARD et DE SÈDE, secrétaires.

MM. COSTE (de l'Institut), GRESSIER, LÉGAL, LONQUÉTY aîné,

PRIMROSE, SMIDTH, VAN BENEDEN et WIDEGREN, ont écrit pour s'excuser de ne pouvoir assister à la séance.

Après cet appel, M. le PRÉFET donne la parole à M. MAGNIER, rapporteur du Comité, nommé par la Commission de l'Exposition, sur la nature, l'importance et le nombre des récompenses à décerner.

Les conclusions de ce rapport sont mises aux voix et adoptées.

M. le PRÉFET donne ensuite connaissance de la délibération prise, le 4 septembre dernier, par MM. les membres du Jury résidant à Boulogne, pour fixer *provisoirement* la division du Jury en sections, *sous la réserve des décisions de la première assemblée générale fixée au 22 septembre 1866.*

Après une discussion approfondie à laquelle prend part un grand nombre de membres, le nombre, les attributions et la composition des sections du Jury sont définitivement établis de la manière suivante :

1re Section, chargée de l'étude des divisions 1re et 3e de l'Exposition, savoir :

1re—Bâtiments et modèles de bâtiments, bateaux viviers, gréement ; — 3e—Objets et ustensiles d'armement, machines et outils propres à leur fabrication : — MM. BAARS, Emile DE BROUWER, DE CHAMPEAUX, DELOBEAU, HORNSBY, LARCHÉ, LECERF, MOLEUX, NISSEN, DE VILLENEUVE.

2e Section, chargée de l'étude des divisions 4e et 5e :

4e—Filets, lignes, hameçons, harpons et autres engins de pêche ; matières premières, machines et outils pour leur confection ; —5e Tannins et autres matières conservatrices des filets, appareils pour leur emploi :—MM. AMELIN, ALTAZIN-GUIN, BAARS, VAN BEECK VOLLENHOVEN, BOURGAIN-DUMERTEAU, HÉNIN-QUENEUILLE, LÉGER, MAAS, MARGUET, MULARD, SMIDTH, WIDEGREN.

3e Section, chargée de l'étude des divisions 6e, 7e, 8e, 9e et 10e.

6e—Amorces naturelles ou artificielles et appâts de toute

nature ;— 7ᵉ— Instruments et appareils pour préparer, saler;
confire, fumer et sécher le poisson ;—8ᵉ—Sels de toutes pro-
venances ;— 9ᵃ— Préparations alimentaires de poissons sous
toutes les formes ;—10ᵉ—Appareils d'emballage et d'expédi-
tion : — MM. AMÉLIN, BOURGAIN-DUMERTEAU, BROQUANT,
BENOÎT, CHEDRU, HÉNIN-QUENEUILLE, HOOGENDYCK, HURET-
LAGACHE, docteur LÉGAL, LONQUÉTY aîné, MAAS, PRIMROSE.

4ᵉ Section, chargée de l'étude des divisions 2ᵉ
et 12ᵉ.

2ᵉ—Vêtements de pêcheurs sous différentes latitudes;
12ᵉ—Produits industriels des pêches destinés à l'économie
domestique, à l'agriculture, à la médecine, aux arts, et produits
directs de la pêche, coraux, nacres, perles, etc. :—MM. BAARS,
VAN BENEDEN, Henri CAZIN, Pierre ÉVRARD, GRENIER, T.
HAMY, HÉNIN-BELLET, HOOGENDYCK, LÉGAL, LIVOIS, MARGUET,
SMIDTH, Ch. TERNAUX.

8ᵉ Section, chargée des divisions 11ᵉ et 13ᵉ :

11ᵉ—Pisciculture et ostréiculture. Ustensiles, appareils, procédés appliqués à ces expérimentations. Produits obtenus.
Écrits divers sur la pisciculture et l'ostréiculture;—13ᵉ—Ouvrages spéciaux sur les pêches. Écrits de tous genres destinés
à l'instruction pratique des pêcheurs. Dessins, aquarelles, pho-
tographies, plans et autres productions des beaux-arts relatives
à la pêche et aux industries qu'elle alimente :—MM. VAN BEECK
VOLLENHOVEN, VAN BENEDEN, BENOÎT, BUCKLAND, DE CHAM-
PEAUX, COSTE, A. CROUY, HORNSBY, HURET-LAGACHE, LARCHÉ,
Jules LEBEAU, LONQUÉTY, MAGNIER, MARGUET, S. PEYRON,
SMIDTH, WIDEGREN.

— Sur une proposition tendant à l'adjonction au Jury de
quelques nouveaux membres, M. le PRÉFET déclare que, quelle
que soit la valeur des savants dont le nom est mis en avant, il
lui paraît convenable de ne pas élargir le cadre définitivement
fixé. Mais les regrets que lui inspire cette impossibilité sont
amoindris par la pensée que le Jury ne sera pas, pour cela,
privé de lumières précieuses. Il est, en effet, loisible à chaque

section d'appeler auprès d'elle tous les hommes dont la compétence et les connaissances spéciales lui paraîtront de nature à
l'éclairer. Cet usage a, d'ailleurs, été pratiqué dans les grandes
Expositions universelles et, notamment, en France, lors de
l'Exposition de 1855, en vertu de l'article 13 du règlement
général du 11 mai 1855.

— M. le Président invite ensuite les sections à se constituer
immédiatement, en nommant leurs Présidents et leurs Secrétaires.

La séance générale est suspendue à cet effet.

Après une demi-heure, le Jury international rentre en séance,
et M. le PRÉFET donne connaissance des nominations faites par
les sections.

Sont proclamés présidents et secrétaires :

1re Section. — Président, M. DUCREST DE VILLENEUVE ;
secrétaire, M. LARCHÉ.

2e Section. — Président, M. VAN BEECK VOLLENHOVEN ;
secrétaire, M MULARD.

3e Section. — Président, M. MAAS ; secrétaire, M. BAARS.

4e Section. — Président, M. LIVOIS ; secrétaire, M. CAZIN.

5e Section. — Président, M. PALASNE DE CHAMPEAUX ;
secrétaire, M. MAGNIER.

— M. le PRÉFET invite les sections à se mettre immédiatement à l'œuvre. L'époque prochaine de la clôture de l'Exposition, fixée au 16 octobre, leur impose l'obligation d'apporter
une grande activité dans l'achèvement de leurs travaux. Elles
répondront à cet égard à tout ce qu'on est en droit d'attendre
d'elles ; et l'empressement manifesté par les membres présents
en si grand nombre, empressement dont il remercie en parti-
culier ceux de ses collègues qui n'ont pas hésité à franchir de
grandes distances pour répondre à son appel, donne la mesure
de tout ce qu'il est permis d'attendre du zèle et du dévoûment
du Jury.

MM. les Présidents des sections sont priés de vouloir bien
informer M. le SOUS-PRÉFET de Boulogne de l'achèvement des
travaux de ces sections, afin de hâter, autant que possible, la

prochaine réunion générale du Jury, que le PRÉFET sera heureux de venir présider encore, si des devoirs impérieux ne le retiennent pas ailleurs.

La séance est levée à cinq heures et demie.

Fait et clos à Boulogne, les jour, mois et an que dessus.

Le Préfet, Président du Jury,
Signé : ALPH. PAILLARD.

Les Secrétaires,
Signé : GÉRARD ; baron DE SÈDE.

III.

Jury de l'Exposition Internationale de Pêche de Boulogne-sur-mer.

Procès-verbal de sa seconde réunion générale tenue les 13 et 14 octobre 1866.

L'an mil huit cent soixante-six, le treize octobre, à trois heures de l'après-midi, dans une des salles du local affecté à l'Exposition internationale de pêche de Boulogne-sur-mer, le Jury de cette Exposition s'est réuni en assemblée générale, sous la présidence de M. Alphonse PAILLARD, préfet du Pas-de-Calais.

Il est procédé d'abord à l'appel des membres du Jury.

Ont répondu :

MM. PAILLARD, préfet, président ;—LABROUSSE, sous-préfet de Boulogne, vice-président ; — LIVOIS, maire de Boulogne, vice-président honoraire ; — TERNAUX, président de la Chambre de commerce, vice-président honoraire ;—BAARS ;—ALTAZIN-GIN ; — AMELIN ; — BOURGAIN-DUMERTEAU ; — BROQUAND ; — CAZIN ; — CROUY ;—DELOBEAU ;—ÉVRARD ;—HAMY ;—HÉNIN-

Bellet;—Hénin Queneuille;—Huret-Lagache;—Larché;
Lebeau;—Lecerf,—Légal;—Léger;—Magnier;—Moleux;—Nissen;—Gérard et de Sédé, secrétaires.

MM. Ducrest de Villeneuve, Lonquéty, Mulard, de
Champeaux et Peyron ont écrit pour s'excuser, sur des motifs
légitimes, de ne pouvoir assister à la séance.

M. le Président donne la parole à M. de Sédé, l'un des
secrétaires, pour la lecture du procès-verbal de la réunion
générale du Jury du 22 septembre 1866.

Ce procès-verbal est adopté sans observations.

M. Larché, secrétaire de la 1re section du Jury, chargée de
l'examen des 1re et 3e divisions de l'Exposition, donne lecture
de son rapport.

M. Huret-Lagache, au nom de M. Mulard, secrétaire de
la seconde section, chargé de l'examen des 4e et 5e divisions de
l'Exposition, présente le rapport de cette section.

La parole est ensuite donnée à M. Baars, secrétaire de la
3e section, chargée de l'examen des 6e, 7e, 8e, 9e et 10e divisions de l'Exposition, M. Baars donne lecture du rapport de
cette section.

M. Cazin, secrétaire de la 4e section, chargée de l'Examen
des 2e et 12e divisions de l'Exposition, donne lecture du rapport
de cette section.

Enfin, M. Magnier, secrétaire de la 5e section, chargée de
l'examen des 11e et 13e divisions de l'Exposition, donne lecture
du rapport de cette section.

La discussion s'engage successivement sur les conclusions
des rapports précités :

Des observations sont produites au sujet des toiles à voiles
de la maison Huret-Lagache et Cie. En ce qui touche ces
observations, et par suite de la demande formulée par une
partie des membres du Jury, il est décidé que des épreuves
spéciales tendant à constater la résistance de ces toiles auront
lieu à l'aide du dynamomètre, et la décision est renvoyée à la
Commission qui fonctionnera comme Jury dans ce cas spécial,
aussi bien que dans ceux non encore résolus qui viendraient
à se produire entre la dissolution du Jury actuel et la distri-

bution des récompenses. Sous la réserve ci-dessus, et après examen approfondi, et la suspension de la séance de six heures à huit heures du soir, le Jury arrête définitivement, ainsi qu'il suit, les récompenses à décerner à la suite de l'Exposition Internationale de Pêche de Boulogne.

(Voir plus loin la liste des récompenses.)

M. le Préfet remercie ensuite Messieurs les membres du Jury de leur concours utile, et déclare les opérations du Jury closes et le Jury dissous.

La séance est levée le quatorze octobre mil huit cent soixante-six, à une heure du matin.

Le Préfet, Président,
ALPH. PAILLARD.

Les Secrétaires :
Baron G. DE SÈDE ; A. GÉRARD.

IV.

Analyse des Rapports des cinq sections du Jury, lue par M. de SÈDE, l'un des secrétaires, dans la séance de distribution des récompenses, tenue le Dimanche 3 Mars 1867.

MONSIEUR LE PRÉFET,

En venant les distribuer vous-même, et en vous arrachant, encore une fois, à ces hautes et sérieuses occupations qui emplissent si bien votre vie, vous avez voulu doubler le prix des récompenses accordées aux lauréats de l'Exposition Internationale de Boulogne, et affirmer de nouveau le puissant intérêt que vous n'avez cessé de porter à cette utile et patriotique entreprise.

Si vous n'étiez point là pour en concevoir la première pensée, vous vous êtes si profondément et si complètement identifié avec l'œuvre de votre éminent prédécesseur qu'elle est devenue la vôtre, et qu'elle vous appartient par le droit imprescriptible du travail et du dévouement. Il vous était dû d'y mettre la dernière main à vous qui l'aviez ouverte avec tant d'éclat, et qui, dans un magnifique langage, dont le souvenir s'inscrira dans l'histoire de Boulogne, en avez si bien précisé le caractère et la portée, au triple point de vue de la politique, de l'économie sociale et de l'industrie. Nous n'affaiblirons pas ces pages éloquentes en essayant une appréciation qui n'est plus à faire ; mais vous nous permettrez de rappeler brièvement les phases diverses de cette féconde manifestation de l'esprit provincial dans d'utiles et légitimes essais de décentralisation, pour en constater l'importance et justifier les hautes et nombreuses récompenses qui vont être proclamées tout à l'heure.

Seuls, les Pays-Bas, que la nature a mis aux prises dans un combat intime et incessant avec le terrible Océan, et dont les peuples laborieux et sages vivent presqu'exclusivement du rude métier de la pêche, seuls, disons-nous, les Pays-Bas nous avaient précédés dans la voie des expositions spéciales à cette noble industrie, lorsque fut résolue ici, par M. Levert, l'entreprise si heureusement arrivée à son terme.

Acceptée dès le 9 janvier 1865 et généreusement dotée par le Ministre de la marine, qui devenait son Président d'honneur, plus tard encouragée par le Ministre du commerce, elle dut cependant s'ajourner elle-même pour ne pas faire une stérile concurrence à l'exposition du même genre que la Norwége ouvrait à Berghen, au milieu de ces *fiords* poissonneux, de ces lacs pittoresques, de ces fleuves repeuplés par l'industrie humaine et sur lesquels, par une juste compensation, les nations Scandinaves, déshéritées de notre chaud soleil et de nos riches moissons, frappent un tribut nécessaire.

Mais ce retard, qui devait compléter les enseignements pratiques et permettre, par une nouvelle et bienfaisante faveur du Gouvernement, à de simples mais intelligents marins, de même qu'aux représentants les plus autorisés de la Chambre de commerce, d'étudier, sur place, les méthodes, les procédés, les progrès de leur industrie dans les régions du Nord, eut, en outre, l'avantage d'assurer à l'Exposition de Boulogne l'important concours que lui ont donné la Suède, la Norwége et le Danemark.

De leur côté, la ville et la Chambre de commerce de Boulogne, ainsi que le Conseil général du Pas-de-Calais lui apportaient un riche tribut qui fixait à 63,000 francs son actif, qu'une souscription

locale rapidement et généreusement couverte, devait plus tard élever
au chiffre nécessaire pour parer à toutes les éventualités.

Cette Commission, instituée par arrêté du 14 juin 1865, sous l'ac-
tive et incessante direction du Préfet, organisa, dans toute l'Europe,
une vaste publicité, des correspondances diplomatiques, des rapports bienveillants qui se traduisirent par un concours empressé du
corps consulaire. On se mit aussi en relations suivies et utiles avec
les principales institutions qui, dans les îles Britanniques et en
Hollande, centralisent, comme une sorte de vaste syndicat, toutes
les affaires relatives à la pêche, et avec les diverses agences de
transports dont les procédés délicats et le désintéressement sont
dignes des plus grands éloges.

Vous savez, Monsieur le Préfet, quelle activité, quels soins,
quelle incessante rapidité furent apportés à ces innombrables com-
munications. Vous les avez vous-même continuées et complétées en
appelant de plus hautes et de plus précieuses faveurs sur l'entreprise que vous adoptiez, dès votre arrivée parmi nous, avec l'ardeur
du bien qui distingue si éminemment l'administration bienveillante
et honnête dont le pays sait déjà tout le prix, et vous est, à bon
droit, reconnaissant.

C'est à vous que nous devons ce haut et glorieux patronage, qui
nous a permis d'inscrire le nom de l'Empereur dans les fastes de
notre Exposition, ces quatre grandes médailles d'or qui récompen-
seront les deux exposants et les deux correspondants Français et
étrangers qui se sont distingués par les collections les plus remarquables et par les services les plus importants. C'est à votre initiative encore, M. le Préfet, que le chef éminent du Collége des
Pêcheries Néerlandaises, M. Van Beeck Vollenhoven, vice-président
de la Chambre haute des Pays-Bas,—le savant M. Smidth, conseiller
d'État du Danemark,—l'infatigable secrétaire de l'exposition de
Berghen qui nous a apporté, avec un dévouement si généreux, le contingent riche et complet de la Norwége,—le représentant officiel du
royaume de Suède, l'honorable docteur Widégren; et, enfin, M.
Maas, membre du Collége des Pêcheries Néerlandaises et l'un de
nos exposants les plus distingués; c'est à votre initiative, dis-je,
que ces honorables étrangers, dont vous vous êtes plu à signaler les
services, devront l'attention spéciale dont ils ont été l'objet de la
part du Gouvernement Français et, par suite, ces distinctions en-
viées dans tout l'univers, ce signe glorieux de l'honneur Français si
rarement accordé et devant lequel tous les ordres de chevalerie,
si vieux qu'ils soient, s'inclinent avec déférence.

Permettez-nous donc, Monsieur le Préfet, de vous exprimer ici la reconnaissance du Jury qui n'aurait pu lui-même, sans sortir de ses attributions, provoquer une si haute et si complète bienveillance.

Il a dû et il a su se renfermer dans ces obscurs et consciencieux travaux que vous avez vus de trop près et trop complètement partagés pour qu'il nous soit nécessaire de vous en signaler le mérite.

En face de ces produits nombreux et variés apportés de tous les points de l'Europe et réunis sous la protection de la France, en même temps que sous le pavillon respectif des divers Etats; devant ce pittoresque assemblage de toutes les choses de la pêche artistement groupées dans cette vaste et magnifique halle due aux intelligents sacrifices de l'édilité Boulonnaise qui s'est fait tant de titres à la gratitude des exposants, il ne s'est préoccupé que de l'œuvre de justice à laquelle il était appelé; et qu'il nous soit permis de le dire, il l'a remplie avec autant d'intelligence et de dévouement que d'impartialité.

En effet, ce Jury, où, par une délicate attention que faisait déjà pressentir l'article 5 de l'arrêté du 14 juin 1865, dont vous avez largement appliqué les dispositions libérales, figuraient tous les délégués des gouvernements étrangers et tous les membres des Chambres de commerce françaises, présents à Boulogne, ce Jury, dis-je, s'est, dès le 22 septembre, partagé en cinq sections qui élurent elles-mêmes leurs présidents et leurs secrétaires; quelques jours lui suffirent pour un examen approfondi et pratique, dont les résultats furent traduits, en votre présence, dans des rapports aussi savants que complets, dès le 13 octobre, pendant ces deux longues séances qui absorbèrent presqu'entièrement la journée et se prolongèrent dans la nuit du 14.

Dans ce court délai, on avait pu classer 2,864 objets exposés : 158 livres ou manuscrits lus et mis à leur rang; 48 plans, cartes et dessins industriels; 37 œuvres d'art, et une sorte de musée archéologique spécial qui comprenait 117 pièces étudiées avec le vif intérêt qui s'attachera toujours aux débris des civilisations primitives.

C'est à peine si deux ou trois questions durent être réservées, après le scrupuleux examen à la suite duquel le Jury tout entier, adoptant les propositions des commissions, fut heureux de s'assimiler leur travail et de proclamer toutes les récompenses qu'elles avaient si bien motivées.

Vous les avez, à votre tour, confirmées, Monsieur le Préfet, par l'arrêté du 25 février qui est à la fois la constatation et la sanction des travaux du Jury et de la Commission.

Si quelque délai s'est écoulé entre le jugement de ce Jury et sa proclamation solennelle, c'est que, jaloux de perfectionner leur œuvre et de suivre le précepte d'Horace et de Boileau, MM. les rapporteurs ont voulu, en remettant leur ouvrage sur le métier, que les détails de la rédaction, et le soin scrupuleux du style lui-même, fussent à la hauteur des considérations qui en sont le principal mérite.

On ne saurait blamer une ambition si légitime ! Elle profitera au public qui, très-certainement, s'empressera autour de documents que nous eussions été heureux de pouvoir reproduire en entier devant cet auditoire, mais dont l'importance même nous contraint à une trop rapide analyse.

Espérons, d'ailleurs, qu'ils ne seront pas perdus pour le public et que la Commission de l'Exposition trouvera le moyen de les produire au grand jour.

PREMIÈRE SECTION.

Le jury avait à se prononcer, dans la première section, sur ces nombreux modèles de bateaux-pêcheurs qui frappaient les regards par leur coupe variée, par leurs installations diverses, par leur élégance et leur utilité ; sur ces innombrables cordages, sur ces toiles qui furent, pendant tant de siècles, le seul conducteur de l'homme au milieu des tempêtes, sur ces instruments variés qui guident le nautonnier ou qui secondent et remplacent parfois la main de l'ouvrier dans la confection des appareils et des ustensiles de la pêche.

Présidée par un vaillant officier supérieur de la marine Impériale, le capitaine de vaisseau Ducrest de Villeneuve, cette section, composée de MM. Baars, de Brouwer, de Champeaux, Delobeau, Hornsby, Lecerf, Moleux, Nissen, avait pour organe un homme compétent et pratique, M. Larché, ancien capitaine au long-cours.

Dans un travail consciencieusement élaboré, d'où tout esprit de système a été radicalement exclu, et dans lequel on a su tenir compte des différences souvent profondes qu'imposent les diverses latitudes, et les destinations variées de bâtiments tantôt appelés aux lointaines expéditions ; tantôt attachés, en quelque sorte, au rivage ; tantôt établis dans de vastes proportions, tantôt réduits aux dimensions de simples barques, le rapporteur a décrit, en suivant l'ordre des nationalités, tous les objets soumis au concours. Les solides et remarquables cordages de MM. Pieux-Aubert et Cie., de Clermond-Ferrand, et de MM. Jacob Holm et fils, de Copenhague ; les instruments de précision de M. Julius Nielsen, de la même ville, servant à mesurer la force et à montrer la direction des courants ou à déterminer le degré de salure de mer ; les modèles de bateaux de pêche d'un simple ouvrier, M. François Beauvois, chez qui le génie de la construction est inné ; les excellentes poulies de MM. Van Vaelfelghen, de Boulogne ; les constructions de MM. Forrest et fils, de Limehouse, près Londres ; le lock compteur de M. Fabier, horloger-mécanicien à Dunkerque, proclamé jusqu'ici le meilleur instrument de ce genre ; enfin l'ingénieux et utile appareil automoteur destiné au lancement rapide des bateaux de sauvetage et dû à un jeune et modeste conducteur des ponts-et-chaussées, M. de Poilly, ont tour à tour excité l'admiration et provoqué les éloges et les récompenses du jury. Mais il était réservé à deux grands industriels français de conquérir, dans cette section, la plus haute distinction mise à la disposition des juges, c'est-à-dire la médaille d'or. Elle a été décernée à MM. Merlier-Lefebvre et Cie., du Havre, qui avaient exposé divers lots de magnifiques cordages d'une perfection complète, d'une solidité éprouvée, et qui ont réalisé dans leur industrie les plus incontestables progrès. Le même honneur était dû à MM. Huret-Lagache et Cie., de Condette, près Boulogne, qui, après les plus sérieuses épreuves, les expériences les plus concluantes, ont été solennellement placés à la tête des fabricants de toiles à voiles. La résistance de la trame, de même que celle de la chaîne dans leurs produits comparés à ceux de la manufacture royale de Christiania, qui vient immédiatement après, a révélé, sous l'effort du dynamomètre, une différence de 122 kil. sur 490, et de 102 kil. sur 395, due à l'heureux choix des matières textiles et à la perfection du travail. Les victoires constantes de MM. Huret-Lagache et Cie., sur le théâtre de toutes les luttes, à Berghen, à Bordeaux, à Arcachon, à Boulogne, sont aussi une victoire de la France et de l'humanité. Point de concurrence possible avec eux dans cette lutte du génie de l'homme contre la fureur des éléments qu'il dompte parfois, en opposant à la tempête des tissus plus forts que sa violence !

DEUXIÈME SECTION.

Quand on pénétrait dans le palais, (le mot n'est pas trop ambitieux) de l'Exposition Boulonnaise, les regards étaient tout d'abord frappés à l'aspect de ces tentures habilement disposées et qui transformaient de vulgaires filets en baldaquins et en draperies ; on voyait à côté de ces immenses rideaux des instruments variés et souvent microscopiques, des lignes, des hameçons, tout ce que la patience et la ruse de l'homme ont imaginé pour servir d'appât et tromper le vorace appétit du poisson ; les matières employées pour la conservation des engins de pêche et, enfin, les outils, les machines et notamment un appareil à vapeur destiné à la confection de ces divers filets.

Cet ensemble formait le lot de la seconde section du Jury dans laquelle figuraient MM. Altazin-Gin, Amelin, Hermann Baars, Van Beeck-Vollenhoven, Bourgain-Dumerteau, Ducrest de Villeneuve, Hénin-Queneuille, Léger, Maas, Marguet, Mulard, Smidth et Widegren.

Constituée sous la présidence de M. Van Beeck-Vollenhoven, cette section choisit pour rapporteur M. Mulard, armateur à Calais, que signalait une expérience pratique hautement reconnue.

Plusieurs questions importantes déjà mises à l'ordre du jour par les précédentes expositions, notamment celle de l'usage des machines et de l'emploi du coton dans la confection des filets, devaient, dans la seconde section, préoccuper le Jury qui avait sous les yeux les collections les plus complètes et les pièces les plus probantes.

L'expérience n'a peut-être pas encore assez péremptoirement démontré la supériorité des filets mécaniques, pour que l'on eût à se prononcer entre eux et les filets à la main. Les premiers ont l'avantage du bas prix ; les seconds, dit-on, celui de la durée. Mais nous sommes à une époque où la grande loi du progrès s'impose à toutes les résistances et triomphe de tous les obstacles. Le bas prix et la durée doivent s'obtenir et s'obtiendront simultanément.

Quoiqu'il en soit, les deux procédés, magnifiquement représentés, ayaient droit aux mêmes éloges et aux mêmes récompenses et le jury a fait œuvre de justice en accordant la plus haute distinction à la maison Broquand et Cie., de Dunkerque, qui les emploie l'un et l'autre avec un égal succès ; il a élevé au même honneur la maison Jouannin, qui nous a montré, pour la fabrication des filets, des appareils à vapeur de beaucoup supérieurs à ceux de l'Angleterre, cette terre classique de l'application des machines à toutes les grandes industries !

Tout à côté de ces deux lauréats Français, est venu se placer M. Maas. Sa collection faisait honneur à la Hollande et comprenait 64 filets dont plusieurs, grâce à des procédés perfectionnés de conservation, ne laissaient rien à désirer après un usage de plusieurs années.

Mais l'Angleterre, dont les produits étaient trop rares, a pris le premier rang, dans la division étrangère, grâce aux remarquables échantillons de la puissante maison S. et N. Stuart, de Musselburgh.

Nous ne saurions, sans nous répéter et sans outrepasser les limites qui nous sont imposées, passer en revue tous les exposants dont les noms vont être proclamés. Constatons seulement que la seconde section était l'une des plus richement dotées et que les enseignements qu'on y a recueillis, par la comparaison des engins et des méthodes usitées pour leur confection et leur conservation, ne seront pas perdus.

Nos marins profiteront surtout des expériences faites sur les filets de coton dont la durée et la légèreté rachètent si bien le prix encore élevé, et tiendront compte, en les introduisant dans leur pratique, des sages conseils formulés par le Jury.

TROISIÈME SECTION.

La troisième section avait à envisager la pêche non plus au point de vue de ses moyens de production, mais sous le rapport de l'introduction de ses produits dans l'alimentation. De là, tout ce qui aide à maintenir la fraîcheur du poisson, les salaisons, la préparation des diverses conserves, constituaient son utile domaine.

Cette partie de l'Exposition, presqu'entièrement reléguée dans les magasins de la Douane, frappait moins les regards, bien qu'elle tînt un des premiers rangs dans les justes préoccupations du Jury comme dans celles de tous les économistes.

La mer ne doit pas alimenter seulement les voisins immédiats de ses rives. Les richesses que la main de Dieu lui a départies appartiennent au genre humain tout entier, et c'est aider aux vœux de la nature elle-même que de lui en assurer la jouissance.

Dans cet ordre d'idées se présentaient là aussi des questions d'un haut intérêt, et souvent d'une appréciation fort délicate.

C'est à MM. Amelin, Baars, Bourgain-Dumerteau, Broquant, Benoit, Chédru, Hénin-Queneuille, Hoogendick, Huret-Lagache, Légal, Lonquéty, Maas, Primrose, que le Jury avait dévolu le soin de les apprécier.

Sous la présidence de M. Maas, délégué du Collége des pêcheries hollandaises et avec le concours précieux d'un rapporteur, M. Hermann Baars, qui, bien qu'étranger, sait tenir une plume française, cette section a rendu au Jury les plus incontestables services.

Si le nombre considérable des exposants et la diversité des pro-

duits lui préparaient une tâche laborieuse, ils ne l'élevaient pas au-
dessus du dévouement intelligent qu'elle a exigé.

Ce qui devait particulièrement appeler l'attention, ce sont ces
grandes installations, devenues de véritables usines, où se pratique
sur une vaste échelle la préparation du poisson. Elles doivent allier
à un ensemble ingénieux, et qui réponde à tous les besoins de leur
destination spéciale, ces conditions économiques qui ne sont à dédai-
gner nulle part, et les soins qu'exige la salubrité, tant pour les ouvriers du dedans que pour les voisins du dehors. A tous les points
de vue, la première place était due aux usines de MM. Lebeau et
Cie, de Boulogne, dont le modèle en bois attirait tous les regards.
Après eux venaient les ateliers de salaisons de MM. Van Beyma,
bourguemestre à Lemmer, et Brostrom, de Berghen.

Personne n'ignore le rôle considérable que joue le sel dans la
préparation du poisson. Ses qualités, son prix, les moyens de le
transporter importent donc beaucoup, et c'est avec regret qu'on a
dû constater la rareté des échantillons exposés à Boulogne. Toutefois, une juste récompense était due à M. Hébert, de Boulogne,
pour l'analyse chimique de tous les sels de l'Europe et de l'Algérie,
travail dont le commerce et la science peuvent également profiter.

Les instruments de la coutellerie spéciale à la pêche, honorable-
ment représentée à Boulogne même par MM. Lépine et Franquenet,
n'offraient cependant de vraiment supérieur que les produits de la
fabrique de M. Stahlberg, d'Eskilstuna (Suède).

Enfin, la tonnellerie, que nos ouvriers traitent avec une supériorité incontestable, a dû à l'excellence des bois employés à l'étranger
le rang tout-à-fait supérieur donné aux produits de MM. Jacobsen,
de Copenhague.

Quant aux conserves mêmes, elles ont motivé un assez grand
nombre de récompenses, malgré la sévérité du Jury, qui en a doublé
le prix en ne les prodiguant pas.

QUATRIÈME SECTION.

Le domaine de la quatrième section était plus vaste encore, il
s'étendait à tout ce qu'en dehors des sels et des salaisons propre-
ment dits, les eaux fournissent à l'économie domestique, à la médecine, aux arts, à l'agriculture, c'est-à-dire les conserves, les huiles
diverses de poisson, les coraux, les nacrés, les perles et les engrais
marins ; à cela on avait ajouté tout ce qui a rapport à l'hygiène
des matelots.

C'est donc à la science médicale particulièrement qu'il incombait de se prononcer sur des produits de ce genre.

Aussi est-ce à deux éminents docteurs, MM. Livois et Cazin, que cette section, composée de MM. Baars, Van Beneden, Henri Cazin, Pierre Evrard, Grenier, Hamy, Hénin-Bellet, Hoogendick, Légal, Livois, Marguet, Smidth et Ternaux, avait confié le soin de la présider et de parler en son nom.

Il serait impossible de passer sous silence le travail considérable, et fort remarqué à divers points de vue, présenté par M. Cazin, qui sait, malgré sa jeunesse, dignement porter un nom déjà rendu cher à la science par son père. Avec cette loyauté et cette modestie qui tient au mérite, il se plaît à reconnaître le concours qu'il a trouvé principalement auprès de MM. Baars et Ernest Hamy.

Assurer tout le bien-être possible à cet homme qui joue incessamment sa vie contre les caprices de l'océan, et qui n'a entre le ciel et l'eau souvent pour tout abri que ses seuls vêtements, c'est assurément rendre un véritable service à l'humanité. Il importait donc de préciser les qualités les plus désirables dans ces vêtements du pêcheur, et de savoir si les toiles enduites devaient avoir le pas sur les cuirs des pêcheurs de la Norwège. Le Jury s'est prononcé en faveur des toiles et a donné la première place aux enduits perfectionnés de M. Rooryck, de Dunkerque, qui joint le souplesse à l'imperméabilité et distance de beaucoup les produits similaires exposés par la fabrication anglaise. Un égal mérite a été reconnu à la maison Baclin-Dubois, de Boulogne.

Indépendamment de ce vêtement extérieur, il faut au marin de chauds et solides lainages, c'est la maison boulonnaise déjà fort ancienne de M. Vaillant-Lefranc qui, par les soins particuliers apportés dans le choix des matières et la confection des tissus, occupe encore ici le premier rang; il en est de même en ce qui concerne une partie non moins essentielle de l'habillement du pêcheur : la chaussure. Sous le rapport de l'élégance relative, de la solidité et du bon marché, M. Adolphe Demol n'a pas trouvé de vainqueur, mais il a été suivi de près par plusieurs autres fabricants qui ont élevé la cordonnerie de Boulogne à un grand degré de perfection.

Dans la division des conserves alimentaires, l'attention du Jury s'est portée spécialement sur les préparations de poissons fins qui ont révélé l'incontestable supériorité de la Norwége; sur les pâtes de poisson déclarées excellentes; les farines beaucoup moins estimées, bien que fort répandues dans l'alimentation scandinave, hors le cas où provenant des rogues et contenant une assez notable quan-

tité de phosphore, elles peuvent coopérer au traitement des scro-
fules, du rachitisme et autres états morbides dus à la pauvreté du
sang. Il convient de mentionner aussi les essais faits par M. Rayer
de Deauville pour la préparation des espèces inférieures et du chien
de mer lui-même. On a signalé aussi comme anti-scorbutique précieux, surtout au point de vue de l'économie, la salicorne, la cristé
marine des côtes normandes, le perce-pierre des nôtres dont l'usage
est séculaire sur le littoral du Pas-de-Calais. Si la mer fournit un
précieux contingent à l'alimentation générale, la terre aussi paie son
tribut à celle des navigateurs. De là tout un ordre de produits que
le Jury devait apprécier avec un haut intérêt ; malheureusement les
échantillons étaient rares, sauf des biscuits d'une qualité remarquable, et parmi lesquels il faut citer en première ligne ceux de
M. Gendron, de Couéron, près Nantes, pour la France, et Van
Berkum, Versluys et Cie., de Schonderloo, qui, par l'addition de
5 pour 0/0 de gluten, augmentent, sans inconvénients sensibles pour
le goût, de 18 à 25 pour 0/0 la quotité de matière azotée. Il y a lieu
de citer encore la poudre de lait inventée par M. le professeur
Rosing, facilement soluble à l'eau chaude et d'une conservation cer-
taine, même sous les tropiques.

Au point de vue des applications des produits maritimes à l'agriculture, M. Cazin est entré dans de hautes considérations et d'inté-
ressants détails qu'une rapide analyse ne saurait même indiquer.

Après de consciencieuses analyses chimiques des échantillons exposés, le Jury a été fort naturellement conduit à nous montrer,
comme un utile exemple, l'emploi des engrais provenant des parties
du poisson exclues de l'alimentation, dont les peuples du Nord
tirent une sorte de précieux Guano ; il en est de même pour certains
engrais végétaux et minéraux qu'il serait possible d'emprunter à la
mer. Il y a de grands progrès à réaliser et l'on doit espérer que sous
ce rapport comme sous bien d'autres, les enseignements de notre exposition ne resteront pas stériles.

Bien que toutes les huiles aient été réunies dans une classe unique, c'est surtout au point de vue médical et par conséquent des
huiles dites de foie de morue que l'on a eu spécialement à s'en occuper.
Les échantillons de cette nature étaient fort nombreux et constituaient, avec les filets, la principale richesse de l'exposition. Détails
d'histoire naturelle sur les poissons producteurs ; méthodes diverses
de fabrication et d'épuration ; analyse chimique ; qualités à préférer
dans l'usage médical ; moyens de reconnaître les falsifications ; prix
courant enfin, tout a été examiné avec soin. La Norwége tient

incontestablement le premier rang dans cette utile industrie, mais la France la suit de près, ainsi qu'en témoignent notamment les produits de MM. Van Houtte et Paquet-Flament, de Dunkerque.

Les produits de la mer appliqués aux arts et à l'industrie, bien que peu nombreux, ont mérité une médaille d'or à l'usine de produits chimiques extraits des plantes marines que dirigent MM. Tissier aîné et fils, du Conquet.

Dans la division des coraux, nacres, perles et coquillages divers, il y a lieu de regretter l'absence de collections véritablement scientifiques et complètes; mais on doit mentionner avec intérêt celle des coquillages de l'Adriatique, envoyée par M. Kleciack de Zara ; des diverses espèces d'huîtres de M. Buckland, et surtout la magnifique collection ycthiologique du musée de Berghen où l'on peut suivre les développements successifs et quelquefois les diverses transformations des individus.

Enfin, une mention est donnée aux herbiers marins dont tout le monde a pu remarquer les ingénieuses dispositions.

CINQUIÈME SECTION.

Les attributions de la 5e section n'étaient pas moins vastes que celles de la 4e.

Elles s'appliquaient à ces sciences encore nouvelles et déjà si répandues de la pisciculture et de l'ostréiculture, aux livres et manuscrits traitant de cette science, et de tout ce qui a trait à la pêche, enfin, aux beaux-arts eux-mêmes dans leurs rapports avec cette industrie.

Elle était composée de MM. Van Beech Vollenhoven, Van Béneden, Benoit, Buckland, de Champeaux, Coste, Crouy, Hornsby, Huret-Lagache, Larché, Lebeau, Lonquéty, Ed. Magnier, Marguet, Peyron, Smidth et Widegren ; ces Messieurs s'étaient adjoint un spécialiste distingué, M. le docteur Léon Soubeyran, secrétaire de la Société d'Acclimatation.

Cette section a dû regretter l'absence de M. Coste qui lui eût apporté son vaste savoir et l'autorité de son nom. Mais elle a trouvé dans M. le capitaine de vaisseau Palasne de Champeaux, chef de l'important service des pêches au Ministère de la marine, un président non moins autorisé, et dans un écrivain fécond qu'il est inutile d'apprécier à Boulogne, M. Edm. Magnier, un secrétaire aussi capable que laborieux.

Nous n'avons ni les fleuves, ni les grands lacs dans lesquels peuvent se développer à l'aise et d'une manière véritablement pratique, les travaux de la pisciculture qui, par une fécondation artificielle, emploie les germes nombreux perdus souvent pour la reproduction et soumet à un élevage rationnel et progressif les produits obtenus. Notre littoral maritime se prête peu à l'ostréiculture, et sous ce double rapport, on aurait constaté dans notre exposition une lacune regrettable si l'on n'avait su qu'elle avait été comblée à Arcachon. Toutefois, c'est avec un vif intérêt que le Jury a examiné les modèles d'établissements, les procédés de croisement, les appareils exposés, les boîtes à éclosions et à transport, les vases à incubation, etc.; dont quelques-uns ont obtenu son approbation et ses récompenses. Il s'en est cependant montré presque avare, surtout en ce qui touche les ouvrages relatifs à la pisciculture, soit parce qu'il n'entendait pas refaire une célébrité à des livres depuis longtemps appréciés par le public, soit parce qu'il n'entrait point dans ses vues de prendre parti dans les discussions qui divisent encore le monde savant sur quelques points.

En ce qui touche l'ostréiculture, des récompenses méritées ont été accordées au doyen des parqueurs, M. de Smet, d'Ostende, au bateau récolteur et aux puits verticaux de M. Spiers, et surtout aux travaux célèbres de M. Bukland.

La division des livres, cartes et manuscrits imposait à l'examen du Jury un travail d'une nature spéciale et délicate dont il serait difficile de faire apprécier toute l'importance, et qui s'est traduit par des jugements motivés qu'on retrouvera dans le rapport de la 5e section. Disons seulement que les ouvrages d'une utilité pratique ont spécialement attiré son attention et mérité ses faveurs, ainsi que l'attestera la liste des récompenses accordées aux traités et aux manuels de pisciculture et d'ostréiculture.

Un ouvrage d'une exceptionnelle importance sur les pêcheries russes, dû à M. Schultz, et libéralement offert à la bibliothèque de Boulogne, atteste l'intérêt que le Gouvernement de St.-Pétersbourg, qui l'a fait exécuter, attache aux progrès de la pêche. Il conviendrait de citer encore d'une manière toute spéciale les pêches de Norwège, par M. Löberg de Christiania; une monographie manuscrite et toute boulonnaise des Hains et Hameçons, due à un laborieux conducteur des Ponts-et-Chaussées, M. Alphonse Lefebvre, et accompagnée de 20 planches, œuvre très-remarquable de calligraphie; la Mer autour du Danemark, du savant docteur Smidth; les nombreux écrits du docteur Widegren; les publications du collége des pêcheries Néerlandaises; les deux ouvrages sur la pêche de la sardine de MM. Caillo et Sylvain Peyron, etc.

A côté de ces ouvrages se trouvaient d'autres écrits d'une haute importance qu'il ne pouvait convenir au Jury de récompenser, car ils sortaient en quelque sorte de ses propres entrailles, mais qu'il eût été souverainement injuste de passer sous silence.

Vous avez décidé, Monsieur le Préfet, qu'ils seraient ici l'objet d'une *mention honorable toute spéciale* ; juste hommage dû au talent des auteurs et témoignage de votre gratitude et de celle du Jury.

Cette approbation élevée s'adresse :

A M. Emile de Brouwer, pour ses excellents rapports sur les expositions d'Amsterdam et de Berghen ;

A M. de Champeaux, pour ses études sur la pêche en France ;

A MM. Jules Lebeau et Lonquéty, pour leur rapport si complet sur l'exposition de Berghen ;

A M. le docteur Legal, de Dieppe, pour ses nombreux écrits sur la pêche ;

A M. le docteur Soubeyran, pour son beau rapport à la société d'Acclimatation sur l'exposition de Berghen ;

A M. Edmond Magnier, pour ses articles dans différents journaux, et spécialement dans la *Presse*, sur l'Exposition de Boulogne.

A M. Bardin pour son livre excellent sur la pêche à Blankemberghe.

Enfin, on a jugé qu'une mention de même nature était due — au Musée ethnographique de Copenhague ;— à M. Ernest Hamy, indépendamment de la médaille qu'il a obtenue pour ses belles collections des monuments de l'industrie de l'homme appliquée à la pêche, dans les âges les plus reculés,—au Collége des pêcheries Néerlandaises pour les écrits populaires qu'il propage en vue du perfectionnement de l'industrie qu'il représente.

Le domaine des arts s'ouvrait d'abord par le gigantesque aquarium, dont les rochers capricieux ont été discutés en sens divers ; mais dont le Jury a tenu à honorer la conception par une de ses plus hautes récompenses, la médaille d'or. Venaient ensuite les charmantes terres cuites de M. Blot et les tableaux tout à fait spéciaux de M. E. Bénard, dont les œuvres ont valu à leurs auteurs des distinctions flatteuses dans diverses expositions artistiques. Le Jury, déclinant à leur égard une compétence spéciale qu'il n'aurait pu s'attribuer, a voulu seulement leur offrir un souvenir de gratitude en leur allouant deux médailles de bronze.

Telle est, Monsieur le Préfet, dans son ensemble, la physionomie des appréciations du Jury et les résultats de ses travaux sur l'Exposition Boulonnaise.

Nous avons laissé de côté bien des noms qui auraient mérité d'être cités ici ; mais la liste complète des récompenses qui vont être proclamées tout-à-l'heure réparera un silence qui n'a pas été volontaire, et que le peu de temps dont nous disposons nous commandait impérieusement.

Les secrétaires du Jury;

Baron G. de SÈDE, A. GÉRARD.

V.

Arrêté de M. le Préfet du Pas-de-Calais, portant promulgation de la Liste des récompenses décernées par le Jury.

LE PRÉFET DU PAS-DE-CALAIS, Officier de l'Ordre Impérial de la Légion-d'Honneur, Commandeur de l'Ordre Pontifical de St-Grégoire-le-Grand, Chevalier de l'Ordre de Léopold de Belgique; Officier de l'Instruction publique;

Président de la Commission et du Jury de l'Exposition Internationale de Pêche de Boulogne-sur-mer ;

Vu l'arrêté préfectoral du 14 juin 1865 ;

Vu l'arrêté préfectoral du 16 septembre 1866, instituant le Jury de l'Exposition ;

Vu les procès-verbaux des séances du Jury, en date des 4 septembre, 22 septembre et 13 et 14 octobre 1866.

Vu le procès-verbal de la séance de la Commission du trois février courant;

Conformément aux propositions du Jury et de la Commission ;

ARRÊTE:

ARTICLE 1ᵉʳ.—La distribution solennelle des récompenses, accordées à l'occasion de l'Exposition Internationale de Pêche de Boulogne-sur-mer aura lieu le dimanche 3 mars 1867, à trois heures de l'après midi ;

ART. 2ᵉ.—Les quatre grandes médailles d'or accordées au nom de l'Empereur, par Son Exc. M. le Ministre de la marine et des colonies, président d'honneur de l'Exposition, et affectées ;

1° Au correspondant en France et au correspondant à l'Étranger qui ont rendu les plus grands services à l'Exposition ;

2° A l'exposant français et à l'exposant étranger, dont les collections ont été jugées les plus riches et les plus utiles, sont attribuées :

SAVOIR :

A MM. Alexandre BONVARLET, négociant, secrétaire du Comité Dunkerquois (correspondant en France).

G. LIVIO, consul de France à Dublin (correspondant à l'étranger).

BROQUAND, fabricant de filets à Dunkerque (exposant français).

W. HEINS, directeur des pêcheries de Schleswig, à Kiel (exposant étranger)

Ce dernier, en remplacement de M. MAAS, de Sheveningen, lequel a été nommé chevalier de la Légion-d'Honneur, récompense qui domine toutes les autres et les annule.

ART. 3ᵉ.—Les récompenses offertes par S. Ex. le Ministre de l'Agriculture, du Commerce et des Travaux publics, président d'honneur du Jury; par S. Ex. le Ministre de la Marine et des Colonies; par le Conseil général du Pas-de-Calais ; et par la Commission de l'Exposition sont attribuées,

SAVOIR :

MÉDAILLES D'OR.

Danemark.

À MM.

Holm, Jacob et fils, négociants, Copenhague. — *Cordages en chanvre et manille.*

France.

Huret-Lagache et Cie, filateurs, Condette. — *Toiles à voiles.*

Merlié-Lefebvre et Cie, cordiers-fabricants, Le Havre. — *Cordages, grelins fer et chanvre, cabestan.*

Broquant et Cie, filateurs, Dunkerque. — *Filets de pêche de toutes sortes.*

Jouannin et Cie, ingénieurs-mécaniciens, boulevard St-Jacques, 33, à Paris. — *Machines à lacer à la vapeur les filets fins et moyens.*

Tissier aîné et fils, fabricants de produits chimiques, Conquet (Finistère). — *Produits chimiques.*

Bétencourt, Edouard, artiste peintre. — *Conception et création de l'aquarium.*

Écosse.

Stuart, S. et W., fabricants de filets, Musselburgh. — *Filets de pêche et fils pour leur fabrication.*

Norwége.

Devold, Lauritz, fabricant, Aalesund. — *Huiles de foies de morue, de squale, de raie; modèle de fabrique.*

Russie.

Schultz, Alexandre, membre de la Commission d'inspection et de statistique des pêches de la Russie, à Odessa. — *Les pêches dans la mer Blanche, la mer Glaciale et la mer Caspienne.*

MÉDAILLES D'ARGENT.

Belgique.

Pède, Auguste, armateur, Ostende. — *Engins pour la pêche au chalut.*

Danemark.

Andersen, conseiller de Chambre, Nibé.—*Fouannes, filets, rets, etc.*

France.

Beauvois, François, ouvrier constructeur, Boulogne. — *Modèles de bateaux.*

Favier, J.-B., horloger-mécanicien, Dunkerque. — *Loch-compteur.*

Laboureur, L., constructeur, Paimpol.— *Modèles de bateaux.*

Pieux-Aubert, fabricant de cordages, Clermont-Ferrand. — *Cordages en fil de fer.*

Poilly (de), Edouard, conducteur des ponts-et-chaussées, Boulogne. — *Modèle d'appareil de sauvetage.*

Van Waelfelghem, poulieur, Boulogne.—*Boussoles et poulies.*

Atelier (école de l'), Dieppe.— *Fils lacés à la main.*

Moleux, Victor, ancien forgeron de la marine, Boulogne. — *Modèles d'engins de pêche.*

Meauzé, Pelou et Cie, filateurs de chanvre, Angers.—*Fils pour filets de pêche.*

Mulard, P., armateur, Calais,— *Filets de pêche.*

Bourgain-Dumerteau, saleur, Boulogne.— *Salaisons diverses.*

Comité Dunkerquois (le), Dunkerque.— *Salaisons diverses.*

Lebeau et Cie, négociants-armateurs, Boulogne. — *Ateliers de salaison et salaisons.*

Demol, Adolphe, cordonnier-tanneur, Boulogne. — *Bottes de pêcheurs.*

Gendron, Pierre, fabricant de biscuits de mer, Couëron.—*Biscuits de mer.*

Rooryck, Jules, fabricant d'effets imperméables, Dunkerque.— *Vêtements imperméables.*

Vanhoutte et Paquet-Flament, épurateurs d'huile de foies de morue, Dunkerque.— *Huile de foies de morue.*

Broca (de), lieutenant de vaisseau, ancien directeur des mouvements du port du Havre, capitaine de port à Nantes. — *Écrit sur la culture des huîtres en Amérique.*

Lefebvre, Alphonse, conducteur des ponts-et-chaussées, Boulogne —*Monographie manuscrite des haims ou hameçons.*

Grande-Bretagne.

ANGLETERRE.

Forrest et fils, constructeurs, Limehouse. —*Modèles de bateaux de pêche, de sauvetage et d'agrément.*

Bartleet et fils, fabricants d'hameçons, Redditch.— *Hameçons, harpons et fouannes.*

Herbert E. Hounsell, fabricant de filets, de lignes et d'hameçons, Bridport.— *Filets de pêche, lignes et fils pour filets.*

Buckland, Frank, ostréiculteur, membre de la Société zoologique de Londres, Londres.—*Pisciculture, ostréiculture, écrits et appareils y relatifs.*

ÉCOSSE.

Lockhart, N., fabricant de filets, Kirkaldy. — *Filets de pêche.*

Bain, Donald, M⁰ saleur, Wick, Pulteney-Town.—*Salaisons.*

IRLANDE.

Hornsby, secrétaire du Board of Fisheries, Dublin.— *Carte des concessions huîtrières en Irlande.*

Norwége.

Fabrique de toiles à voiles (la), Christiania.— *Toiles à voiles.*

Dahl, Andr., maître pêcheur, Austadfjord.— *Filets et lignes.*

Dahl, Jens O., maître pêcheur, Lovo, en Nortland. — *Filets et lignes.*

Holm, Ove, négociant, Bergen. — *Salaisons.*
Sundt (veuve), négociant, Farsund.— *Salaisons diverses.*
Hansson, Frédéric, négociant, Aalesund. — *Huiles de foie de morue.*
Jordan, C., fabricant, Trondhjem.— *Huiles de foie de morue.*
Moller, P., pharmacien, Christiania.—*Huiles de foie de morue.*
Rœnneberg et fils (Carl, E.), négociants, Aalesund.—*Huiles de foie de morue.*
Loberg, O. E., Christiania. — *Ecrits sur les pêches de la Norwége.*
Musée de Bergen (Le).— *Collection de diverses espèces de poissons.*
Rasch, H., professeur de l'Université, Christiania. — *Pisciculture : écrits divers.*

Pays-Bas.

Mass, A.-E., négociant-armateur, Scheveningen. — *Filets et tambours pour la pêche.*
Van Galen, filateur, Gouda. — *Echantillons de fils de chanvre ; lignes, avançons.*
Kikkert, H., armateur et négociant, Vlaardingen.— *Salaisons.*

Suède.

Akerluud, E.-N., négociant, Stockholm. — *Echantillons de lin et filets de pêche.*
Lyth, A.-J., docteur, Wisby et Burs. — *Filets de pêche, modèles d'engins, lignes.*

MÉDAILLES DE BRONZE.

Autriche.

Kléciah, Blaise, secrétaire de la direction des finances, Zara (province de Dalmatie).— *Collection de coquillages.*

Belgique.

Cartier (de), fabricant, Auderghem. — *Minium de fer.*
Pède, Auguste, armateur, Ostende. — *Modèles de bateaux.*
Dujardin, Léon, armat., Blankemberghe. — *Modèles de bateaux.*
Pède, Auguste, armateur, Ostende. — *Morues.*
Van Damme frères, filateurs, Roulers (près Courtrai). — *Tissus pour vêtements.*

Danemark.

Fiedler, maire de la ville de Kiels Koer (Selande). — *Filets de pêche.*
Jorsengen, Petschau et Hansen, pêcheurs, Torbeck et Skorshoyer. — *Filets de pêche.*
Musée royal ethnographique (le), Copenhague. — *Collection variée de lances, harpons, etc.*
Clausen Hans, A., consul général de la Grèce, Copenhague. — *Morues.*
Jacobsen, tonnelier, Copenhague. — *Tonnellerie.*
Gislasen, négociant, Reckiavig (Islande). — *Huiles de foie de morue.*
Smidth, A.-J., conseiller du gouvernement Danois pour les affaires de pêche, Copenhague. — *Ecrit sur les qualités salifères de l'eau de mer autour du Danemark.*

Espagne.

Graëlls (de la Pax), directeur du Musée des sciences, Madrid. — *Manuel de pisciculture.*

France.

Carue, fabricant de cordages, Paris. — *Cordages en fil de fer.*
Damboise-Bénard, ferblantier, Boulogne. — *Appareil ventilateur propre à la marine.*
Delanoye, Jacques-Michel, chaudronnier, Dunkerque. — *Cuisines et ustensiles de marine.*
Derycke, Benjamin, constructeur, Dunkerque. — *Système d'Arcasse et bateau-vivier.*

Gouëzel, conducteur des ponts-et-chaussées, Belle-Ile-en-Mer. — *Conduite barométrique.*

Jannin, Alex., fabricant de fanaux, Dunkerque. — *Fanaux de navigation.*

Lavergne et Delbeke, fabricants d'enduits métalliques, Dunkerque. — *Enduit métallique pour la conservation des carènes.*

Markey, Louis, serrurier forgeron, Dunkerque. — *Cuisines d'équipages de marine.*

Pirot et Pauchet, constructeurs, Le Portel. — *Modèles de bateaux.*

Vancosten, Jean, fabricant de cordages, Dunkerque.—*Cordages en fil de fer, chanvre et manille.*

Vandezande, Auguste, constructeur, Dunkerque. — *Modèles de bateaux.*

Blanc, J., fabricant de filets, Nantes.— *Filets de pêche.*

Le Comité Boulonnais de l'Exposition internationale de Boulogne. — *Filets, lignes, appareils de pêche pour la morue.*

Honoré, Alexis, cordier, Le Portel.—*Lignes, avançons, ficelles.*

Lamare, Louis, tonnelier, Boulogne. — *Barils de divers tonnages.*

Ledoux, Alexandre, fabricant d'hameçons, Le Portel.— *Hameçons.*

Révello, Jean-Angélo, tonnelier, Boulogne. — *Bouées.*

Roux aîné, amateur de pêche, Boulogne. — *Amorces et hameçons en forme de poissons artificiels.*

Soetenaëy, Jean-Joseph, armateur, Dunkerque. — *Lignes et hameçons.*

Dupriez, Bellony, mannelier, Boulogne.— *Mannes au poisson.*

Fourny-Gournay, armateur, Boulogne. — *Harengs marinés.*

Hébert, Charlemagne-Félix, négociant, Boulogne.— *Analyse chimique des sels.*

Légal, Charles, négociant-armateur, Dieppe.— *Harengs salés.*

Maquaire, tonnelier chef de l'atelier de MM. Lebeau et Cie,-Boulogne.— *Barillages.*

Sautreuil, François, saleur, Fécamp. — *Harengs dits craquelots.*

Cheftel, Ferdinand, naturaliste, St-Malo. — *Plantes marines,
collection de coquillages.*

Demol-Hurtrel, cordonnier, Boulogne. — *Bottes de pêcheurs.*

Soetenay, Jean-Joseph, armateur, Dunkerque. — *Huiles de
foies de morue.*

Spiers, Jules-Achille, ingénieur civil, Paris. — *Appareil pour
la fabrication du guano de poisson.*

Stenfort, Pierre-Félix, préparateur de plantes marines, Brest.
Plantes marines.

Tessier-Gournay (dit Adonis), cordonnier, Boulogne. — *Bottes
de pêcheurs.*

Vaillant-Lefranc, fabricant de vêtements de pêcheurs, Boulogne.
— *Vêtements de pêcheurs.*

Bénard, Eugène, artiste peintre, Boulogne. — *Dessins et pein-
ture de marine.*
(Un diplôme d'honneur pour son mérite artistique, et une médaille
de bronze pour avoir décoré de ses productions la salle de
l'Exposition.)

Blot, Eugène, statuaire, Boulogne. — *Statuettes de pêcheurs.*
(Un diplôme d'honneur pour son mérite artistique, et une médaille
de bronze pour avoir décoré de ses productions la salle de
l'Exposition.)

Caillo jeune, membre correspondant de la Société académique
de Nantes, — *Ecrits sur la pêche de la sardine.*

Hamy, Ernest, étudiant en médecine, Boulogne. — *Organisation du musée rétrospectif.*

Schlumberger, Jules, propriétaire, pisciculteur, Guebviller
(Haut-Rhin). — *Boîtes à éclosion pour salmonidés.*

Grande-Bretagne.

ANGLETERRE.

Frost frères, fabricants de cordages, 11, Fenchurch Street,
Londres. — *Cordages, chanvre de Russie et de Manille.*

Herbert, E. Hounsell, fabricant de filets et d'engins de pêche,
Bridport. — *Toiles à voiles et ralingues.*

La Société humaine de sauvetage, Londres. — *Modèles de
bateaux de sauvetage insubmersibles.*

— 45 —

Hearder, J.-N., Plymouth. — *Lignes et hameçons à hélice.*
Warner, J., fabricant d'hameçons, Redditch. — *Hameçons et
   lignes.*
Carr, W. et R., fabricants d'huiles médicinales, Londres. —
   Huiles de foie de morue.
Buckland, Frank, ostréiculteur, membre de la Société zoologi-
   que de Londres, Londres. — *Collection d'huîtres.*
Jonhson, Th., constructeur, Londres. — *Appareil pour le
   transport et l'éclosion des œufs de saumons et de truites.*

ÉCOSSE.

Shearer, William, pêcheur, Wick. — *Filets.*
Craig, Georges, marchand saleur, Wick. — *Harengs salés.*
Garriock et Cie, marchands saleurs, Shetland, N. B. — *Klipfish.*
Harrisson, marchand saleur, Lerwick. — *Klipfish.*
Hewison, John, saleur, Westroy (Orcades). — *Klipfish.*
Methuen, James, marchand saleur, Leith. — *Harengs salés.*

IRLANDE.

Musée industriel de l'Irlande, Dublin. — *Modèles de bateaux
   pêcheurs et d'installation de gréement.*

Grand Duché de Luxembourg.

Koltz, E., garde général des eaux et forêts, Luxembourg. —
   Traité de pisciculture.

Norwége.

Tjorsvaag, J.-H., constructeur, Flekkefjord. — *Modèles de
   bateaux pour le hareng et le maquereau.*
Blydt, Herm., douanier, Bergen. — *Filets.*
Commission de Trondhjem (la), Trondhjem. — *Filets, lignes,
   engins, etc.*
Fabrique de toiles à voiles (la), Christiania. — *Fils et filets de
   chanvre et de lin.*
Johanessen, J.-C. (veuve), fabricant, Christiania. — *Engins
   de pêche.*

Nordbostad, M.-J., pêcheur, Nordland. — *Filets.*

Nydalens (Compagnie la), Christiania. — *Fils de coton pour filets.*

Olsen, J., maître voilier, Christiansand. — *Filets et lignes.*

Olsen, E., maître voilier, Kobberdal. — *Filets et lignes.*

Sundt, P.-A. (veuve), négociant, Farsund. — *Filets à maquereaux.*

Berner, S., négociant, Stavanger. — *Harengs caqués.*

Bostrøm, sculpteur, Bergen. — *Modèles d'atelier norwégien de salaison.*

Dahl, Jens O., maître pêcheur, Lovö. — *Morues et brosmes.*

Dahl, Andr., maître pêcheur, Austadfjord. — *Lingues.*

Devold, O.-E., négociant, Aalesund. — *Lingues et brosmes.*

Flood, Gunder, forgeron, Bergen. — *Couteaux à flaquer, ustensiles de tonnellerie.*

Forman, H.-H., propriétaire, Bergen. — *Tonnellerie.*

Jonasen, A.-G., négociant, Stavanger. — *Modèle de glacière, salaisons.*

Jonasen, F.-C., négociant, Stavanger. — *Harengs braillés et marinés.*

Lange, Hans, négociant, Bergen. — *Morues.*

Lundberg, P.-F., négociant, Aalesund. — *Lingues.*

Meyer, Gustave, fabricant, Aastvedt. — *Tonnellerie.*

Moeller, J. Moses, marchand, Ramso. — *Morues.*

Poulsen, Jacob, tonnelier, Bergen. — *Tonnellerie.*

Roenneberg et fils, négociants, Aalesund. — *Morues.*

Rosenkilde et fils, négociants, Stavanger. — *Harengs braillés.*

Thomsen, Gott, négociant, Bergen. — *Harengs caqués.*

Tillisch, F.-A., négociant, Bergen. — *Klipfish.*

Valeur, C., négociant saleur, Bergen. — *Engins, Rockfish.*

Association des négociants ll'), Christiansund. — *Collection de conserves de diverses espèces.*

Bordewick et Cie, fabricants, Lyngvœr, Ile Lofoten. — *Guano de poisson.*

Compagnie pour la fabrication du poisson (la), Christiania. — *Guano de poisson.*

Devold, O.-E., négociant, Aalesund. — *Huiles de foies de morue.*

Grondvold, Bernt, négociant, Vardo. — *Huiles de foies de morue.*

Henfelt, S., fabricant, Aalesund. — *Huiles de foies de morue.*

Irgens, Harald, négociant, Bergen. — *Huiles de foies de morue.*

Kloboe, P.-D., fabricant et marchand, Liland. — *Huiles de foies de morue.*

Knudtzon, Nicolay-H., négociant, Christiansand. — *Huiles de foies de morue.*

Lossius, Rasmus, négociant, Christiansund. — *Huiles de foies de morue.*

Meyer, Gerdt., négociant, Bergen. —*Huiles de foies de morue.*

Nilsen, Berent. M., fabricant, Bergen. —*Conserves de poisson.*

Olsen, P., et Orstenvig, fabricants, Aalesund. — *Huiles de foies de morue.*

Ramsland, négociant, Stavanger. — *Huiles de foies de morue.*

Rossing, A., professeur de chimie, Aas, — *Conserves alimentaires. Poudre de lait sucrée.*

Smith (Mme Gina), négociant, Christiania. — *Conserves alimentaires. Pâte de poisson.*

Thams, M., négociant, Trondhjem. — *Pâte de poisson.*

Thorne, Ch.-Aug., fabricant, Moss. —*Conserves alimentaires. Pâte de poisson.*

Walso, N., fabricant et marchand, Trano, en Nordland. —*Huiles de foies de morue.*

Wingaard, Oluf-P., fabricant et marchand, Bergen. — *Appareil pour les huiles de poisson.*

Hanson, B., professeur de dessin, Stavanger. — *Pisciculture. Croisement des espèces.*

Pays-Bas

Kaars Sypestein, B.-W., fabricant de toiles à voiles, Krommenie. — *Toiles à voiles.*

Maas, A.-E., armateur, Schéveningen. — *Cordages et articles d'armement.*

Planteydt, J., fabricant de toiles à voiles, Krommenie. — *Toiles à voiles.*

Dirkwager, M., négociant-armateur, Maasfluis. — *Filets de pêche et échantillon de chanvre.*

Meyjès et Smith, fabricants, Amsterdam. — *Engins et harpons de pêche.*

Montyn (veuve de), fabricant, Oudewater. — *Echantillons de fils pour filets et lignes.*

Best et Van Heyst, négociants, Vlaardingen. — *Langues de morue.*

Van Beyma-Thoé-Kingma, bourguemestre, Lemmer. — *Modèle de saurissage.*

Varkevisser, P., négociant, Scheveningen. — *Poissons plats séchés.*

Van Berkum-Versluys et Cie, fabricants, Schoonderloo. — *Biscuits de mer.*

Prusse.

Commune de Kiez (la), Kiez (près Copenick). — *Lignes et filets.*

Eichelbaum, S., Insterburg. — *Filets et tambours pour la pêche.*

Heins, W., directeur des pêcheries du Schleswig, Kiel. — *Filets et engins de pêche.*

Suède.

Gibson, W., et fils, fabricants de toiles à voiles, Gothembourg. — *Toiles à voiles et cordages.*

Société royale économique de Carlskrona (la). — *Modèle de bateaux de pêche.*

Berntson, O., pêcheur, Marstrand. — *Filets de pêche, lignes, bouée.*

Kjork, G., négociant, Lidkoeping St. Eken. — *Filets de pêche, lignes et hameçons.*

Lundberg, J.-A., négociant, Pitea. — *Filets de pêche.*

Moberg, S., docteur et propriétaire, Barseback. — *Filets, lignes, hameçons et bouées.*

Pleiff, Th. (baron de), propriétaire, Frangsater. — *Filets et engins de pêche.*

Berntson, O., pêcheur, Marstrand. — *Lingues sèches.*

Stålberg, J.-A., fabricant, Eskilstuna. — *Couteaux à flaquer.*
Byström, assesseur de l'Institut des pêches suédoises. —
    Pisciculture : appareils.
Widegren, Hyalmar, inspecteur des pêches de la Suède,
    Stockholm.— *Ecrits sur la pêche.*

MENTIONS HONORABLES.

Allemagne.

Heimerdinger, J., négociant, Hambourg. — 1° *Conserves ali-*
    mentaires ; — 2° *Colle de poisson (vessies natatoires).*

Belgique.

Borgers, Auguste, cordier, Ostende.— *Cordages.*
Dujardin, Léon, armateur, Blankemberghe. — *Modèles de*
    bateaux.
Lagrange, A., fabricant, Gits-les-Roulers. — *Cercles de mâts*
    et bagues de foc en bois.
Borgers, Auguste, cordier, Ostende. — *Echantillons de fils*
    pour filets, chaluts et lignes.
Desmet, Charles, ostréiculteur, Ostende.— *Parcs aux huîtres*
    et notice sur leur engraissement.
Dubar, Daniel, artiste peintre, Ostende. — *Tableaux représen-*
    tant des pêcheurs.

Danemark.

Musée royal ethnographique (le), Copenhague. — *Engins de*
    pêche.
Nielsen, Julius, fabricant, Copenhague. — *Instruments de*
    marine.
Kruuse, capitaine, Korsoer (Selande). — *Grand filet dit*
    carrelet.

Thrane, négociant, Copenhague. — *Lignes de pêche et fils divers.*

Thomsen, négociant, Copenhague.— *Filets de pêche.*

Bryde, négociant, Copenhague.— *Morues.*

Feddersen, Arthur, professeur d'histoire naturelle à l'école de Viborg, Danemark. — *Appareil pour l'éclosion artificielle des œufs de poisson.*

France.

Battez, Louis, cordier, Le Portel. — *Cordages.*

Carlier, Louis-Marie, marin, Boulogne.—*Modèles de bateaux.*

Coquerel-Tétard, cordier, Boulogne.— *Cordages.*

Derycke, L. et C., constructeurs, Dunkerque. — *Modèles de bateaux.*

Devos, Jacques-Alph., poulieur, Dunkerque.— *Poulies.*

Duhamelet, Gustave, pharmacien, Fécamp. — *Pharmacie de marine.*

Duvard, E., constructeur, Granville.— *Modèles de bateaux.*

Houlbrèque, A., armateur, Fécamp. — *Cordages.*

Hurtel-Perrée, fabricant de cordages, St-Valéry-sur-Somme.— *Cordages.*

Lobez, Pierre, ouvrier constructeur, Boulogne. — *Modèles de bateaux.*

Leverd et Cie, fabricants d'objets en gutta-percha, Paris. — *Seaux, tuyaux, etc., en gutta-percha.*

Malo et Cie, constructeurs, Dunkerque.— *Poulies.*

Morisse, Pierre-David, négociant-armateur, Dieppe. — *Cordages.*

Niquet, Edmond, filateur, Mérélessart (Somme). — *Toiles à voiles.*

Œters-Delalande, cordier, Boulogne.— *Cordages.*

Pointfer, forgeron, Le Tréport — *Guindeau mécanique.*

Portier, Julien, ancien marin, Boulogne.—*Modèles de bateaux.*

Renard, Pierre-François, fabricant de lampes, Paris.—*Lampes et lanternes marines.*

Rouquayrol-Denayrouse, mécanicien, Paris. — *Appareil de plongeur.*

Société anonyme de la Vieille-Montagne, Paris. — *Zinc pour cordage et doublage de navire.*

Vilin-Bourgois, fabricant de brosses, Boulogne. — *Brosses marines.*

Villeneuve, Baptiste, constructeur, Boulogne. — *Pirogue de course.*

Battez, Louis, maître cordier, Le Portel. — *Cordages, lignes, etc.*

Bourgain-Dumerteau, armateur, Boulogne. — *Filets de pêche.*

Cardon-Wamin et fils, filateurs, Rouvroy-lès-Abbeville. — *Echantillons de fils pour filets.*

Derien-Camus, fabricant d'engins de pêche, Paimpol (Côtes-du-Nord). - *Hameçons et poissons artificiels.*

Dupriez, Bellony, mannelier, Boulogne. — *Nasses pour la pêche de l'anguille.*

Chédru, Guillaume-Hippolyte, armateur, Fécamp. — *Rogues de morues d'Islande.*

Gournay, patron de pêche, Le Portel. — *Lignes et filets.*

Gripart, Hippolyte, fabricant d'engins de pêche, Chenecey (arrondissement de Besançon). — *Nasses.*

Maçary-Guillain, armurier, Boulogne. — *Cannes à pêche, lignes, hameçons, etc.*

Pincedé, Etienne, forgeron, Boulogne. — *Meulettes de fer pour chalut.*

Terral, docteur en médecine, Amiens. — *Lignes et poissons artificiels.*

Van Heeckoet, P., ferblantier, Boulogne. — *Hameçons à hélice.*

Bouclet, négociant-armateur, Boulogne. — *Harengs salés.*

Boulanger-Lagache, mareyeur, Boulogne. — *Mannes au poisson.*

Cadot et Cie, armateurs, Dieppe. — *Harengs et morues salés.*

Franquenet, Joseph, marchand coutelier, Boulogne. — *Couteaux à flaquer.*

Lamare, Louis, maître tonnelier, Boulogne. — *Tonnellerie.*

Lépine, Jacques-François, coutelier, Boulogne. — *Couteaux à flaquer.*

Lobez, Jean-Marie, restaurateur, Boulogne. — *Machine à ouvrir les huîtres.*

Révello, Jean-Angelo, tonnelier, Boulogne. — *Tonnellerie.*

Baclin-Dubois, Jean-Baptiste, fabricant d'effets imperméables, Boulogne. — *Vêtements imperméables.*

Delahaye et Vettier, armateurs, St-Malo. — *Huiles de foies de morue.*

Despinoy, pharmacien, Lille. — *Pilules de foies de morue et mémoire.*

Fichaux, A., et Cie, meuniers et fabricants de biscuits de mer, Dunkerque. — *Biscuits de mer.*

Dubois, Henri-Pierre-Jacques, parfumeur, Dieppe. — *Plantes marines.*

Carraud-Amieux, fabricant de conserves alimentaires, Nantes. — *Conserves de poissons.*

Guillet, Denis, négociant et ostréiculteur, Noirmoutier (Vendée). — *Soude de Varech.*

Pignolet, J., et Aumont, fabricants de conserves alimentaires, Granville. — *Conserves de poissons.*

Pitre, Eugène-François, fabricant de chaussures, Boulogne. — *Bottes de pêcheurs.*

Soublin, Léopold, boulanger, Fécamp. — *Biscuits de mer.*

Soymié, Alex.-Marie-Yves, fabricant de conserves alimentaires, Etel (Morbihan). — *Conserves de poissons.*

Thélu, Maximilien, pharmacien, Dunkerque. — *Huiles de foies de morue.*

Tétar, Auguste, boulanger, Boulogne. — *Biscuits de mer.*

Vincent, Henri-Aristide, ingénieur civil, Brest. — *Engrais marin et mémoire.*

Challié, Elie, pilote, La Tremblade. — *Echantillons d'huîtres.*

Charles, négociant, Lorient. — *Echantillons d'huîtres.*

Nicole, administrateur gérant de la Société de pisciculture de la Basse-Seine. — *Pisciculture. Vase à incubation*

Peyron, Sylvain, négociant, Quimperlé. — *Ecrit sur la pêche de la sardine.*

Spiers, J.-A., ingénieur civil, Paris. — *Bateau récolteur et puits pour la conservation des huîtres.*

Van Imschoot, Ed., et Cie, négociants, Dunkerque. — *Transport et conservation des huîtres.*

Barnard, Thomas, représentant de la Société du South Eastern, Boulogne. — *Modèle de navire à vapeur.*

Grande-Bretagne.

ANGLETERRE.

Dent, E., et Cie, fabricants, Londres.— *Habitacles portatifs.*

Edmiston, C., et fils, fabricants d'effets imperméables, Londres,
— *Canot en caoutchouc.*

Searle et fils, constructeurs, Londres.— *Canots de promenade
et de plaisance.*

Lungley, Th., constructeur de navires, Londres.— *Boussole ;
habitacle mécanique.*

Stevens, F., constructeur de modèles de bateaux, Londres. —
Modèles de bateaux à vapeur à hélice.

Falla, Joseph, pêcheur, au Havre de la Salerie.— *Tambour en
osier pour la pêche du homard*

Kulbach, capitaine, St-Helens, Ile de Wight. — *Pièges à ho-
mards et à crevettes.*

Thomas, J.-J., fabricant, Londres.— *Pièges à anguilles.*

Brand, W. et H., fabricants d'effets imperméables, Great
Yarmouth.— *Effets imperméables.*

ÉCOSSE.

Calder et Low, fabricants de filets, Kilbirnie et Glasgow.—
Modèles de bateaux pêcheurs à clins.

Stuart, S. et W., fabricants de filets, Musselburgh.— *Modèles
de bateaux de pêche.*

Sharp, G., et Murray, fabricants de filets, Cellardyke.— *Lignes
de pêche et filets de coton.*

IRLANDE.

Office des Travaux Publics (l') Dublin. — *Modèles de bateaux
trailleurs et péniches.*

Good, G.-John, armateur, Dublin. — *Filet dit traille de la
plus grande dimension.*

Office des Travaux publics (l'), Dublin. — *Modèles de filets à
usage divers.*

Norwége.

Association des Négociants de Christiansund (l'). — *Modèles de bateaux pontés et non pontés.*

Hille, Ch., négociant, Bergen. — *Modèles de bateaux.*

Melsom, J., armateur, Toensberg. — *Brick armé pour la pêche du phoque.*

Musée de Bergen (le), Bergen. — *Bateaux de pêche et de police de pêche.*

Bache et Cie, négociants, Aalesund. — *Rogues de morue.*

Blydt, Herm, douanier, Bergen. — *Mouches artificielles.*

Christiansen, O.-M., négociant, Hangesund. — *Filet.*

Flood, G., forgeron, Bergen. — *Engins de pêche.*

Maison de correction (la) de Troudhjem. — *Filets de pêche.*

Mork, O.-G., pêcheur, Soendmoer. — *Filets et aiguilles pour la façon des filets.*

Musée d'objets de pêche (le) d'Aalesund. — *Filets, lignes, bouée, tourniquet, tambour, etc.*

Kuraas, Iver, fermier, Roëraas. — *Filets de pêche, lignes et harpons.*

Roenneberg et fils, Carl-E.. négociants, Aalesund. — *Rogues de morue.*

Sivertson, L.-O., fabricant, Bergen. — *Hameçons.*

Smith, H., pêcheur, Egersund. — *Filets.*

Sundt, P.-A. (Ve), négociant, Farsund. — *Rogues de maquereau.*

Tjorsvaag Lauritz, pêcheur, Flekkefjord. — *Filets.*

Bache et Cie, négociants, Aalesund. — *Morues, lingues.*

Bull et Lund, négociants, Aalesund. — *Lingues.*

Gelmuyden, Joh, négociant, Bergen. — *Morues.*

Hanssen, Frédéric, négociant, Aalesund. — *Morues, lingues, brosmes.*

Kjelland, Jacob, jeune, négociant, Stavanger. — *Harengs blancs.*

Kundtzon, Nicolay-H., négociant, Christiansund. — *Salaison.*

Kobbardal, Knud-Iverson, pêcheur, Nordland. — *Harengs d'automne.*

Krogh, George, négociant, Christiansund.— *Poisson salé.*
Lundgren, H., négociant, Trondhjem.— *Rundfish.*
Morck, O.-G., pêcheur, Ramsdal.— *Morues.*
Stolte, J.-H., tonnelier, Molde.— *Tonnellerie.*
Volckmar frères, négociants, Christiansund.— *Morues.*
Warso et Cie, négociants, Trondhjem.— *Morues.*
Krogh, George, négociant, Christiansund.—*Langues et vessies
    de morues salées.*
Lockert et Poulsen, marchands, Skjoldehavn. — *Effets de
    cuir.*
Lossius (succ. Hans), négociant, Christiansund. — *Huiles de
    foies de morue.*
Lundgren, H., négociant, Trondhjem.—*Conserves de poisson.*
Svendsen, E. et S., négociants, Stavanger. — *Huiles de foies
    de morue.*
Talgren.— *Saumons fumés.*
Hetting, M.-G., inspecteur des pêches d'eau douce, Christiania.
    Pisciculture : croisement des espèces.

Pays-Bas.

Petersen, G., garde de marine, Hardewyck. — *Modèles de
    bateaux-viviers du Zuyderzée.*
Van Bleiswyk et de Koning, armateurs, Enkhuyzen. — *1/46e
    partie d'un filet au hareng.*
Visser, A.-J., fabricant, Lemmer. — *Filets et bâtons pour les
    tendre sur la côte.*
Bloemendaal, tonnelier, Enkhuyzen. — *Tonnellerie.*
Spruyt et Cie, droguistes, Rotterdam. — *Huiles de foies de
    morue.*

Prusse.

Grunwaldt, maître pêcheur, Wollin. — *Filets de pêche et
    modèles de panier à aiguilles.*
Heins, W., directeur des pêcheries du Schleswig, Kiel. —
    Huiles de foies de morue.
A. H. Saeger et Cie, fabricants, Kastacen Allée, 31, Dublin. —
    Cirage imperméable.

Suède.

Dahlstrom, A., Rector Scholœ.— *Cordages de racines de pin.*

Kieller-Alexandre, négociant, Gothembourg. — *Objets en fer pour gréement et construction.*

Kjork, G., négociant, Lidkoeping St-Eken. — *Modèle de bateau de pêche.*

Bystrom, C., assesseur de l'Institut des pêcheries en Suède. — *Filets de pêche, lignes, bouée.*

Erckman, C., pêcheur, Dalaro.—*Filets de pêche, lignes, bouée.*

Olosson, A.-P., agriculteur, Lemunda.— *Filets de pêche.*

Patterssen, N. et N., négociants, Carlsham.— *Filets et lignes.*

Sundstrom, A., pêcheur, Oxelosund.— *Filets de pêche.*

Wiberg, J., pêcheur, Wysby. — *Filets de pêche et lignes de fond.*

Strondberg ou Stiendberg, saleur, Stockholm. — *Harengs d'automne.*

Fait à Arras le 25 février 1867,

Le Préfet,

ALP. PAILLARD.

NOMBRE DE RÉCOMPENSES DÉCERNÉES

PAR NATIONALITÉS.

	Médailles d'Or.	Médailles d'Argent.	Médailles de Bronze.	Mentions Honorables.	Mentions spéciales d'Honneur.
ALLEMAGNE	»	»	1	2	»
AUTRICHE	»	»	1	»	»
BELGIQUE	»	1	5	6	1
DANEMARK	1	1	7	7	1
ESPAGNE	»	»	1	»	»
FRANCE	6	19	37	62	6
GR.-BRETAGNE	»	4	8	10	»
ÉCOSSE	1	2	6	3	»
IRLANDE	»	1	1	3	»
NORWÉGE	1	12	50	37	1
PAYS-BAS	»	3	10	5	1
PRUSSE	»	»	3	3	»
RUSSIE	1	»	»	»	»
SUÈDE	»	2	11	10	»
Total	10	45	141	148	10

PAR SECTIONS.

1re SECTION	3	9	23	44	»
2e	3	14	35	44	»
3e	»	7	38	24	»
4e	»	8	33	26	1
5e et 6e	»	7	12	10	9
Total égal	10	45	141	148	10

LISTE

dès

LAURÉATS PLUSIEURS FOIS RÉCOMPENSÉS.

NOMS.	Or.	Argent.	Bronze	Mentions Honorables.	Mentions spéciales d'Honneur.
Association des Négociants de Christiansund	»	»	1	1	»
Bache & Cie.	»	»	»	2	»
Battez, Louis.	»	»	»	2	»
Berntson.	»	»	2	»	»
Bourgain-Dumerteau.	»	1	»	1	»
Borgers.	»	»	»	2	»
Buckland	»	1	1	»	»
Blydt	»	»	1	1	»
Bystrom	»	»	1	1	»
Collége des Pêcher. Néerland.	»	»	»	»	1
Dahl, Andr.	»	1	1	»	»
Dahl, Jens O.	»	1	1	»	»
Devold, O. E.	»	»	2	»	»
Dujardin, L.	»	»	1	1	»
Fabrique de toiles à voiles de Christiania.	»	1	1	»	»
Flood, G.	»	»	1	1	»
Heimerdenger.	»	»	»	2	»
Herbert E. Hounsell.	»	1	1	»	»
Heins, C. W.	»	»	1	1	»
Kjork, G.	»	»	1	1	»
Knudtzon.	»	»	1	1	»
Krogh.	»	»	»	2	»
Lamare, Louis.	»	»	1	1	»
Lebeau, J.	»	1	»	»	1
Musée de Bergen.	»	1	»	1	1
Musée royal ethnographique de Copenhague.	»	»	1	1	1
Office des travaux publics de Dublin	»	»	»	1	»
Pède.	»	1	2	»	»
Roenneberg et fils.	»	1	1	1	»
Révello.	»	»	1	1	»
Soctenaey.	»	»	2	»	»
Maas, A. E.	»	»	»	1	»
Sundt (veuve).	»	1	»	1	»
Morck, O. G.	»	»	»	2	»
Stuart, S. et W.	»	»	1	1	»

NOTE.

Des ressources de la Commission ne lui permettant pas, en ce moment au moins, de publier les rapports des cinq sections du Jury, M. le docteur *H.* CAZIN, auteur du *Rapport de la quatrième section,* s'est résolu à faire imprimer, à ses frais, son remarquable travail.

Cet écrit paraîtra dans quelques jours sous ce titre :

« *Rapport de la 4me Section du Jury de l'Exposition* » *Internationale de pêche de Boulogne-sur-mer,* par le » docteur *Henri* CAZIN. — 1 vol. in-8°. *Boulogne,* imp. de » Camille Le Roy, 1867. »

Boulogne.— Imp. de Charles AIGRE, 4, rue des Vieillards

www.ingramcontent.com/pod-product-compliance
Lightning Source LLC
Chambersburg PA
CBHW072016290326
41934CB00009BA/2096